Mosaik

Adelheid Utters-Adam

*K*inder fragen:
Wo wohnt der liebe Gott?

Ein Vorlesebuch mit Illustrationen
von Andrée Prigent

Mosaik Verlag

Für Tobias, Katharina und Dominik,
zur Erinnerung an Johannes

Der Mosaik Verlag ist ein Unternehmen der
Verlagsgruppe Bertelsmann

©1994 Mosaik Verlag GmbH, München / 5 4 3
Redaktion: Monika König
Layout: Rita Gerstenbrand
Umschlaggestaltung: Martina Eisele
Reproduktion: Artilitho, Trento
Druck und Bindung: Alcione, Trento
ISBN 3-576-10399-6
Printed in Italy

Inhalt

*V*orwort

Es ist eines der schönsten Abenteuer, mit Kindern zu leben, sie auf ihrem Weg ins Jugend- und Erwachsenenleben zu begleiten und ihnen Werte und Hilfen für ihr Leben mitzugeben. Aber mal ganz ehrlich: Diese Aufgabe wird zunehmend schwieriger. Viele Erfahrungen, die Eltern aus ihrer eigenen Kindheit mitbringen, wollen und können sie nicht auf ihre Kinder übertragen. Althergebrachtes muß überprüft und Neues entwickelt werden. Dies gilt in besonderer Weise für den religiösen Bereich.

Kinder sind ungemein neugierig und möchten gerade die Dinge kennen- und erfassenlernen, die schwer zu verstehen sind. Die Fragen, die Kinder zu Gott und Glauben haben, beschäftigen im Grunde auch Erwachsene. Doch Kinder brauchen einfache Antworten, die sich aus ihrem Erlebnisbereich ergeben und die sie nachvollziehen können.

Dieses Buch will eine praktische Hilfe sein, Kindern auf der Grundlage der christlichen Religion den tieferen Sinn des Lebens zu erschließen. Es ist entstanden aus Gesprächen, kreativem Gestalten, Spielen und Beten mit meinen eigenen Kindern und vielen Kindern aus der Gemeinde. Sie waren es, die immer wieder praktische Beispiele und eine klare Sprache eingefordert haben.

Eines ist mir dabei sehr deutlich geworden: Man kann Kindern Religion nur vermitteln, wenn sie erleben, daß Gott im Leben der Menschen eine Rolle spielt und wenn sie an den religiösen Erfahrungen der Erwachsenen teilhaben dürfen.
Ich hoffe und wünsche, daß dieses Buch dazu beiträgt, daß Kinder und Eltern zu wirklicher Freude am Leben finden und es mit Sinn erfüllen.

Adelheid Utters-Adam

Gott hat die Welt gemacht

Wer hat die Erde gemacht?

Gott hat Himmel und Erde erschaffen

Am Anfang war alles dunkel und leer. Es war nichts, außer Gott. Da hat Gott Himmel und Erde erschaffen.

Gott machte das Licht. Es entstanden die Sonne, der Mond und die Sterne am Himmel.

Gott ließ die Erde entstehen. Sie war zuerst ein glühender Ball, bis ihre Hülle zu festem Land, zu Bergen und Tälern erstarrte.

Dann entstand das Wasser und bedeckte alles.

Das Wasser sank und sammelte sich in den Meeren, und die Erde wurde sichtbar. Auf dem Land wuchsen Gräser, Blumen, Sträucher und Bäume.

Gott wollte, daß sich Leben auf der Erde regte. Im Wasser, in der Luft und auf dem Land entstanden Tiere. Sie fanden überall Nahrung und verbreiteten sich über die ganze Erde.

Als Gott sah, daß alles gut war, erschuf er die Menschen als Mann und Frau. Gott sagte zu ihnen: »Ihr sollt euch liebhaben und Kinder bekommen. Und eure Kinder sollen wieder Kinder bekommen, damit die Erde voll von Menschen werde. Ihr sollt für alles sorgen, was ich gemacht habe.«

So redete Gott mit den Menschen, und wer heute seine Ohren öffnet, kann immer noch Gottes Stimme hören.

Gehören Sonne, Mond und Sterne dem lieben Gott?

Die Sonne lacht

Ohne Sonne gäbe es kein Leben auf der Erde,
keine Pflanzen, keine Tiere, keine Menschen.

Dort, wo ein winziger Lichtstrahl hinkommt,
beginnen Pflanzen zu wachsen, beginnt Leben.

Wir freuen uns, wenn die Sonne scheint, dann ist es warm und hell, und die Menschen sind fröhlich.

Die Sonne zeigt uns immer wieder, daß Gott will, daß es den Menschen auf der Erde gut geht.

Mond und Sterne machen das Dunkel hell

Die Sterne sind im Laufe von vielen Jahrtausenden entstanden. Wir können uns gar nicht vorstellen, wieviele Sterne es überhaupt gibt. Wenn wir die Sterne zählen könnten, bekämen wir eine Vorstellung, wie unendlich groß Gott ist. Vielleicht hat Gott den Mond und die Sterne geschaffen, damit die Nacht nicht ganz finster ist und wir uns nicht fürchten müssen.

Weißt du, wieviel Sternlein stehen?

Weißt du, wieviel Sternlein stehen
an dem blauen Himmelszelt?
Weißt du, wieviel Wolken gehen
weithin über alle Welt?
Gott, der Herr, hat sie gezählet,
daß ihm auch nicht eines fehlet
an der ganzen großen Zahl,
an der ganzen großen Zahl.

Weißt du, wieviel Mücklein spielen
in der hellen Sonnenglut?
Wieviel Fischlein auch sich kühlen
in der klaren Wasserflut?

Gott, der Herr, rief sie mit Namen,
daß sie all' ins Leben kamen,
daß sie nun so fröhlich sind,
daß sie nun so fröhlich sind.

Weißt du, wieviel Kinder frühe
stehn aus ihren Bettchen auf,
daß sie ohne Sorg und Mühe
fröhlich sind im Tageslauf?
Gott im Himmel hat an allen
seine Lust, sein Wohlgefallen,
kennt auch dich und hat dich lieb,
kennt auch dich und hat dich lieb.

Können wir ohne Wasser leben?

Überlege einmal, was es ohne Wasser nicht geben würde

Ohne Wasser gibt es
● keine Fische
● keine Blumen
● kein Gras
● keinen Apfel
● keine Limonade

Frisches Wasser spüren

Hast Du schon einmal an einem heißen Sommertag aus einem kühlen Gebirgsbach getrunken?

Wenn wir sehr durstig und erhitzt sind, freuen wir uns, unseren Durst stillen und unser Gesicht kühlen zu können. Dann spüren wir sehr deutlich, daß wir ohne Wasser nicht sein können, und sind dankbar dafür.

Wasser ist die Quelle des Lebens

Ohne Wasser ist ein Leben auf der Erde nicht möglich. Alles was lebt, braucht Wasser: die Blumen, die Sträucher und Bäume, die Tiere und natürlich die Menschen. In der Bibel wird Wasser immer wieder als Bild für Gott gebraucht. Gott wird zum Beispiel mit einer Quelle verglichen, aus der Menschen dauerndes Leben schöpfen.

Lieber Gott,

*ich gehe gerne schwimmen,
es ist so ein schönes Gefühl,
wenn das Wasser mich trägt.
Ich glaube, du
hast das Wasser gemacht,
damit wir uns daran freuen können.
Danke, lieber Gott.*

Für die Eltern

Es gibt viele Möglichkeiten, wie Ihr Kind Wasser erfahren kann. Wasser ist lebenswichtig, es macht auch Spaß, sich am und im Wasser aufzuhalten. Zeigen Sie Ihrem Kind die vielen Seiten von Wasser, und es wird dieses Element lieben lernen.

● Zeigen Sie Ihrem Kind Tiere, die im und am Wasser leben: Fische, Enten, Frösche, usw.

● Lassen Sie Ihr Kind Wasser fühlen. Wie kalt ist es? Wie tief ist es?
● Werfen Sie einen Stein ins Wasser und beobachten Sie zusammen die Kreise, die das Wasser zieht.
● Betrachten Sie mit Ihrem Kind einen Regentropfen, in dem sich das Licht der Sonne bricht.
● Wenn einer Ihrer Blumenstöcke die Blätter hängen läßt, zeigen Sie Ihrem Kind, was passiert, wenn Sie die Pflanze gießen.

*L*äßt Gott die Bäume wachsen?

Bäume sind ein schönes, altes Symbol für Leben. An ihnen lassen sich Lebensprozesse wie Wachsen, Blühen, Fruchtbringen, Ernten und Ruhen erleben. Wenn Sie mit Ihrem Kind die Natur entdecken, wird es eine positive Beziehung zu ihr aufbauen und Ehrfurcht vor Gottes Schöpfung bekommen. Bestimmt gibt es einen großen Baum, den Ihr Kind kennt, an dem es jeden Tag vorbeikommt oder der in einem vertrauten Garten steht.

Lernen Sie mit Ihrem Kind den Baum kennen:
● Lassen Sie Ihr Kind den Stamm mit den Händen umfassen. Wieviele Personen braucht man, um den ganzen Stamm umfassen zu können?
● Ist die Rinde glatt, rauh oder schuppig? Machen Sie einen Abdruck von der Rinde: Legen Sie ein Blatt Papier an den Stamm und rubbeln Sie mit Wachsmalkreiden darüber!
● An den Blättern erkennt man einen Baum am leichtesten. Ist es eine Buche, eine Birke, ein Ahorn oder eine Kiefer?
● Betrachten Sie mit Ihrem Kind die Baumkrone. Wieviele Schritte reicht sie vom Stamm weg?

Lieber Gott,

*ich danke dir für meinen Baum.
Laß ihn mit mir wachsen,
damit er immer viel größer ist als ich.
Halte Raupen und Gift von ihm weg,
damit er nicht krank wird.
Gib ihm im Frühjahr viele neue Blätter,
damit ich im Sommer in seinem Schatten
liegen kann.*

Ich bin wie ein Baum

Ein kluger Mensch hat einmal gesagt:
»Ich bin wie ein großer Baum in Gottes
Garten.
Die Wurzeln geben dem Baum Kraft,
so wie ich aus dem Glauben an Gott Kraft
bekomme.
Sein dicker Stamm ist wie Gottes Stärke,
er trägt die Krone, so wie Gott mich trägt.
Die Blätter reichen bis in den Himmel, so
nahe möchte ich Gott sein.«

Gott hat uns die Erde anvertraut

Oft sehen wir kranke Bäume. Die Menschen gehen mit der Natur und
allem, was auf der Erde lebt, oft rück-
sichtslos um. Doch Gott hat den Menschen
die Erde anvertraut, damit sie mit ihr
sorgsam umgehen. Die Menschen sind ein
Teil dieser Erde. Wenn sie krank und
kaputt wird, sind auch die Lebensmög-
lichkeiten für die Menschen zerstört. Gott
jedoch will, daß alle Menschen auf der
Erde leben können.

Komme ich auch vom lieben Gott?

Gott wollte dich so, wie du bist

Bei einer Taufe sagte der Pfarrer zu den anwesenden Kindern: »Gott wollte euch so, wie ihr jetzt seid; sonst gäbe es euch gar nicht.«
Kommen also alle Kinder vom lieben Gott?
Das ist wirklich eine komplizierte Frage. Zuerst kommst Du natürlich von Deiner Mama. In ihrem Bauch bist Du gewachsen, weil sie Deinen Papa sehr lieb hat. Und als Du groß genug warst, hat sie Dich geboren.
Und was hat dann der liebe Gott damit zu tun?
Das ist ja gerade die komplizierte und doch so einfache Sache. Die Eizelle und die Samenzelle, die sich im Bauch Deiner Mutter verschmolzen haben, konnten nur Dich ergeben. Aus jeder anderen Eizelle und jeder anderen Samenzelle wäre ein anderes Kind entstanden. Du bist also ganz einmalig, und es gibt auf der ganzen Welt keinen Menschen, der so ist wie Du. Daß gerade Du aus den vielen Möglichkeiten entstanden bist, das hat der liebe Gott so gewollt. Und das ist doch ganz großartig, findest Du nicht?

Jedes Kind ist anders

Es gibt Kinder mit blonden Haaren und blauen Augen. Andere haben braune Haare und grüne Augen.
Es gibt Kinder, die groß und stark sind. Andere sind klein und flink.
Manche Kinder sind fröhlich und laut. Wieder andere sind schüchtern und leise.
Es gibt Kinder, die können gut singen. Andere können gut turnen.
Manche Kinder basteln gerne, andere spielen lieber Fußball.
Jedes Kind ist anders.
Gott aber kennt alle Kinder.

Für die Eltern

Jeder Mensch ist einzigartig in seinem Aussehen, seinen Fähigkeiten, seinen Stärken und Schwächen.

Viele Schwierigkeiten, die Eltern mit ihren Kindern haben, beruhen ja darauf, daß die Eltern ganz bestimmte Vorstellungen haben, denen die Kinder nicht entsprechen. Akzeptieren Sie die Eigenarten Ihres Kindes und begleiten Sie es auf seinem Weg. So lange es klein ist, können Sie mit ihm diesen Weg gehen, später geht es seinen Weg alleine. Zeigen Sie Ihrem Kind, daß Sie es so lieben, wie es ist. Gott tut es auch.

Dein Name ist wichtig

Jedes Kind bekommt einen Namen. Dein Name ist etwas, was ganz Dir gehört. Durch diesen Namen bist Du in der Gemeinschaft als Junge oder Mädchen anerkannt. Auf den eigenen Namen hört ein Baby als erstes. Wenn Du Deinen Namen hörst, drehst Du Dich um und schaust, wer Dich ruft. Du und Dein Name, Ihr seid nicht voneinander zu trennen.

Du hast einen schönen Namen

● Laß Dir von Deinen Eltern erzählen, wie sie Deinen Namen gefunden haben.
● Frage Deine Eltern, was Dein Name bedeutet. Es gibt Bücher, in denen die Bedeutungen der Namen stehen.
● Kennst Du Menschen, die so heißen wie Du?
● Es gibt bestimmt berühmte Menschen, die so heißen wie Du. Laß Dir von Ihnen erzählen.
● Finde heraus, wann Dein Namenstag gefeiert wird.

Ja, Gott hat alle Kinder lieb

Ref: Ja, Gott hat alle Kinder lieb, jedes   Kind in jedem Land.

Er kennt alle   unsre Namen, alle unsre Namen, hält uns alle,

alle in der   Hand.

1.   Ich bin ein kleiner Eskimo, aus Schnee bau' ich mein Haus. Und

kommt kling-klang ein Schlitten ran, steck ich die Nase raus.

2. Ich habe einen langen Zopf, trag einen spitzen Hut.
Und meine Haut, die ist ganz gelb, das steht mir aber gut.

3. Bei uns im weiten Afrika, da scheint die Sonne heiß.
Ich bin ganz schwarz, hab' krauses Haar und Zähne blitzeweiß.

4. In meinem bunten Federschmuck schleich ich mich durch den Wald
ganz leis' auf meinen Mokassins. Wenn's knistert, mach ich halt.

5. Europa heißt der Teil der Welt, wo ich zu Hause bin.
Und mein Gesicht, das ist ganz weiß, die Nase mittendrin.

6. Und ich bin ein Zigeunerkind, zieh' mit von Ort zu Ort.
Doch wenn ich mal im Himmel bin, dann brauch ich nicht mehr fort.

Text und Melodie: Margret Birkenfeld
Aus: „Sing mit uns ein neues Lied", Bd. 1
© 1975 Musikverlag Klaus Gerth, Aßlar

Der große und unsichtbare Gott

*W*er hat dir von Gott erzählt?

Das Buch der Bücher

Die Bibel ist für Christen die Heilige
Schrift. Die Bibel ist das Buch, das welt-
weit die höchste Auflage hat.
Die Bibel ist in fast alle Sprachen der
Welt übersetzt worden.
Die Bibel ist eines der ältesten Bücher
der Menschheit.

Früher wurde die Bibel auf Papyros-
rollen geschrieben, später – vor etwa
1000 Jahren – haben Mönche die Bibel-
texte mit der Hand auf Pergament
geschrieben, sie mit wunderschönen
Malereien verziert und in wertvolle Hül-
len gebunden.
Als man die Kunst des Buchdrucks
erfand, wurde als erstes Buch die Bibel
gedruckt.
Heute gibt es Bibeln nicht nur in fast
allen Sprachen, es gibt sie auch extra für
Kinder erzählt.

Für die Eltern

Ursprünglich haben sich die Menschen
die Erfahrungen, die sie mit Gott gemacht haben, nur weitererzählt. Später
wurden sie in einem Buch aufgeschrieben, in der Bibel.
Die Bibel hat zwei große Teile, das Alte
und das Neue Testament. Das Alte
Testament ist die Geschichte des Volkes
Israel. Die Israeliten haben als erstes
Volk nur an einen Gott geglaubt. In den
Erzählungen des Alten Testaments spie-

geln sich die Erfahrungen wider, die sie mit ihrem Gott gemacht haben.

Für die Christen ist das Neue Testament von besonderer Bedeutung. Dort ist das Leben von Jesus, dem Sohn Gottes, aufgeschrieben. Jesus hat den Menschen von seinem Vater erzählt und ihnen gezeigt, wie sie leben sollen.

Schauen Sie sich mit Ihrem Kind eine Bibel an. Sie können feststellen, wie dick dieses Buch ist, wieviele verschiedene Kapitel das Alte und Neue Testament haben oder Namen entdecken, von denen Sie noch nie etwas gehört haben. Schauen Sie mit Ihrem Kind nach, wo die Geschichte von Noah in der Bibel steht. Regen Sie Ihr Kind an, die Arche zu malen, und lassen Sie Ihr Kind mit seinen Stofftieren die Geschichte von Noah nachspielen.

Noah, der Mann Gottes

Eines Tages sah Gott, daß die Menschen böse geworden waren, und es tat ihm leid, daß er ihnen das Leben gegeben hatte. Nur ein einziger Mann tat, was Gott von ihm wollte. Er hieß Noah, und Gott wollte ihn und seine Familie schützen. Gott rief Noah und sprach zu ihm: »Ich mag die Schlechtigkeit der Menschen nicht mehr länger mitansehen. Du allein machst mir noch Freude. Höre, was

geschehen wird: Vierzig Tage und Nächte soll es in einem fort regnen. Alle Menschen und Tiere werden in einer Riesenflut ertrinken. Nur dich und deine Familie will ich retten. Du sollst ein großes Schiff bauen mit vielen Kammern und einem breiten Dach, damit das Schiff nicht voll Regenwasser laufen kann. Wenn das Schiff fertig ist, sollst du von jeder Tierart ein Männchen und ein Weibchen fangen und aufs Schiff bringen. Vergiß die Nahrung nicht, denn vierzig Tage sind eine lange Zeit, und deine Familie und die Tiere sollen nicht hungern, wenn der große Regen kommt.

Am Himmel zogen schwere, dunkle Wolken auf. Die Menschen schauten empor und sagten: »Es wird Regen geben, wie schon oft zuvor. Was macht das schon? Bald wird wieder die Sonne scheinen.« Und sie gingen ihres Weges und taten vieles, was Gott nicht gefiel.

Noah aber tat, was Gott ihm gesagt hatte. Er und seine Söhne arbeiteten Tag und Nacht. Endlich stand das große Schiff fertig da. Die Männer brachten die Tiere an Bord, und man hörte ein Gequieke, ein Trompeten und Vogelschreie. Denn die Tiere gingen nur widerwillig über den schmalen Laufsteg in das Innere des Schiffes. Die Frauen backten Brot für vierzig Tage und vergaßen auch das Futter für die vielen Tiere nicht. Als alle endlich in dem Schiff waren, verschloß Noah von innen die Tür und sagte: »Wir wollen ganz auf Gott vertrauen.«

Da kam der große Regen. Es goß in Strömen Tag und Nacht, und Noah merkte, wie das Schiff ganz langsam hochgehoben wurde und endlich auf einer endlosen Wasserwüste schwamm. Alle Menschen und Tiere ertranken. Das große Schiff jedoch schwamm ruhig auf der Flut. Noah saß mit seiner Familie um einen Tisch und betete zu Gott dem Herrn.

Nach vierzig Tagen hörte der Regen auf, und Gott ließ einen kräftigen Wind über die Erde wehen. Der trocknete das Wasser langsam fort, aber Noah erblickte noch immer keinen festen Grund. Deshalb ließ er eine Taube aus dem Fenster fliegen. Doch sie kehrte bald zurück und Noah wußte, daß sie keinen Platz gefunden hatte, um sich niederzusetzen. Als Noah sie ein zweites Mal fliegen ließ, kam sie mit einem frischen Ölzweig im Schnabel wieder. Jetzt wußte Noah, daß wieder Bäume aus dem Wasser ragten. Von ihrem dritten Flug kehrte die Taube nicht wieder zurück. Es dauerte nicht mehr lange, da blieb das Schiff auf einem hohen Berg stehen.

Als Noah das Schiff verließ, sah er einen Regenbogen, der in den schönsten Farben glänzte. Und Gott sprach zu ihm: »Dieser Regenbogen soll ein Zeichen dafür sein, daß ich mit dir und allen Menschen, die aus deiner Familie hervorgehen werden, einen Bund geschlossen habe, der für ewig gilt. Der Regenbogen soll die Menschen stets an diesen Bund erinnern. So kann es nicht geschehen, daß noch einmal ein großer Regen kommt und alle Menschen und Tiere von der Erde tilgt. Hört auf mein Wort! Dann kann euch nichts geschehen, und ihr lebt in Frieden.« *(nach: Genesis, 6,1 – 9,29)*

Warum kann ich Gott nicht sehen?

Gott ist unsichtbar

Es ist sehr schwer für uns zu verstehen, daß Gott da ist, auch wenn wir ihn nicht sehen können. Menschen, Tiere, Pflanzen und Dinge können wir sehen, hören, anfassen oder damit spielen. Es gibt aber auch Dinge, die sind da, obwohl wir sie nicht sehen können. Wir können nur ihre Wirkung spüren. Sie sind gute Vergleiche für Gott.

Gott ist wie Luft

Luft kannst Du nicht sehen, aber sie ist trotzdem da.
Wir atmen meist ganz unbewußt und merken gar nicht, was dabei passiert. Mit der Luft atmen wir Sauerstoff ein, den unser Körper zum Leben braucht. Erst wenn uns der Sauerstoff fehlt – wenn die Luft schlecht ist – merken wir es. Dann werden wir müde oder fühlen uns schlapp.
So ist es auch mit Gott. Viele Menschen spüren, daß ihnen etwas fehlt, wenn sie nicht an Gott denken oder mit ihm sprechen.

Gott ist wie ein Sonnenstrahl

Wenn Du bei Sonnenschein nach draußen gehst, ist es hell. Die Sonnenstrahlen aber, die die Wärme geben, siehst Du nicht. Du spürst nur die Wärme auf Deiner Haut. So ist es auch mit Gott. Wenn Menschen sich Gott zuwenden, dann können sie seine Nähe und Geborgenheit spüren.

Gott ist wie Wind

Den Wind selbst kannst Du nicht sehen. Du kannst nur sehen, was er bewirkt:

- Wind zerzaust Deine Haare
- Wind bewegt die Ähren auf dem Feld
- Wind wirbelt die Blätter auf
- Wind treibt ein Windrad an
- Wind läßt auf dem Wasser Wellen entstehen.

Wir können uns vorstellen, daß Gott die Menschen bewegt. Dann geben sie Gottes Liebe weiter und tun Gutes.

Es gibt Dinge, die erkennen wir durch Zeichen

Jeden Tag begegnen Dir viele Zeichen. Wenn Du sie siehst, weißt Du sofort, was sie bedeuten. Wenn die Ampel rot zeigt, weißt Du, daß Du stehen bleiben mußt. Vieles, was wir fühlen, können wir nur durch Zeichen zum Ausdruck bringen. Wenn Du zum Beispiel sagst, daß Du Dich freust, und dabei ein ganz griesgrämiges Gesicht machst, glaubt Dir das niemand. Wenn Du aber über das ganze Gesicht strahlst, dann weiß jeder, daß Du Dich freust, auch wenn Du nichts sagst.

Was machst Du, wenn Du Dich freust?

- Ich falle Mama um den Hals
- Ich springe in die Luft
- Ich klatsche in die Hände
- Ich lache

Ich zeige Dir, daß ich Dich mag!

Wenn Du jemandem zeigen willst, daß Du ihn gern hast, machst Du ihm eine Freude.
- Oma gehe ich besuchen
- Für Mama pflücke ich Blumen
- Für Papa male ich ein Bild
- Opa gebe ich einen Kuß
- Mit Paul teile ich meinen Kaugummi
- Anna lade ich zum Spielen ein

Für die Eltern

Gottes Größe und Güte können wir erkennen, wenn schöne Dinge und Erlebnisse einen tieferen Sinn bekommen. Wir nehmen vieles für selbstverständlich hin und meinen immer, das müßte so sein. Oft zeigt uns Gott, daß er uns liebt, und wir merken es gar nicht. Machen Sie Ihr Kind auf diese kleinen alltäglichen Dinge aufmerksam. Dann kann es erkennen, daß Gott es gut mit ihm meint.

Kann Gott mich hören?

Mit Gott sprechen

Wenn wir mit Gott sprechen – wir sagen dazu auch beten –, vertrauen wir darauf, daß Gott uns hört. Menschen versuchen immer wieder, sich ein Bild von Gott zu machen. Sie stellen sich vor, daß Gott wie ein guter Vater ist, wie eine liebe Mutter, wie eine gute Freundin oder ein guter Freund....
Diese Vorstellung hilft uns, Vertrauen zu Gott zu bekommen. Gott ist uns jeden Tag nahe und meint es gut mit uns. Wenn wir mit Gott sprechen, können wir diese Nähe spüren.

Du kannst mit Gott so sprechen, wie Du mit Mama und Papa oder mit einem Freund oder einer Freundin sprichst. Erzähl' dem lieben Gott einfach von Dir. Worüber hast Du Dich gefreut? Was hast Du heute erlebt? Was macht Dir Angst? Was wünschst Du Dir?

Gott danken

Es gibt jeden Tag viele schöne Dinge, für die Du Gott danken kannst.

Lieber Gott, ich danke dir,
für meine Eltern, die mich gerne haben
für die Geschwister, die mit
mir Spaß machen
für die Wohnung, in der ich mich zu
Hause fühle
für meine Freunde, die mit mir spielen
und lustig sind
für die Sonne, die mich wärmt
für meine Katze, die sich in meinen Arm
schmiegt.

Gott darfst Du um alles bitten

An manchen Tagen geschehen Dinge, die Dich gar nicht froh machen oder ganz schlimm sind. Dann darfst Du Gott bitten.

Lieber Gott, ich bitte dich:
Mama hat Ärger im Büro gehabt. Mach
sie wieder fröhlich.
Meine Freundin ist schon drei Wochen im
Krankenhaus. Mach sie wieder gesund.
Ich habe Angst, wenn Papa mit dem Auto
unterwegs ist. Beschütze ihn.
Soviele Kinder auf der Welt haben
Hunger. Mach sie satt.

Für die Eltern

Wenn Sie immer wieder mit Ihrem
Kind beten, wird es Vertrauen zu Gott bekommen. Vielen Menschen, nicht nur
Kindern, tut es gut, zu sagen oder her-
auszuschreien, was sie bedrückt. Wer ruft
und bittet, vertraut auch darauf, daß
er gehört wird.
Beten kann auch schon Kindern helfen,
bei Leid und Schmerzen neue Kraft zu
spüren oder Glück und Freude tiefer und
dankbarer zu erleben.
So können Sie mit Ihrem Kind beten:
● Durch die Haltung und die Ruhe wird
das Kind merken, daß das Sprechen
mit Gott etwas anderes ist als mit einem
Menschen zu sprechen.
● Finden Sie Anlässe, um mit dem Kind
gemeinsam zu beten. Zum Beispiel
kann man am Abend für den Tag danken
oder mittags für das Essen.

● Lassen Sie das Kind Dank und Bitten
in seinen eigenen Worten sagen.
● Lassen Sie Ihr Kind ein einfaches Gebet
mitbeten. Dadurch fühlt es sich einbe-
zogen, auch wenn es den Text nicht ganz
versteht.

Gebete für jeden Tag

Sie können mit Ihrem Kind ein frei for-
muliertes Gebet sprechen. Das ist meist
lebendiger als ein festes Gebet, und die
Erlebnisse des Kindes können in das Gebet mit hineingenommen werden.
Vorformulierte Gebete können aber eben-
falls eine Hilfe sein, Beten zu üben.

Am Morgen
Vom Schlaf bin ich gesund erwacht.
Dir, lieber Gott, sei Dank gebracht.
Laß mich heut' gut und fröhlich sein.
Schütz alle Menschen groß und klein.

oder

Lieber Gott,
danke für das weiche Bett
und den schönen Schlaf.
Laß mich heute viel erleben
und mit meinen Freunden Spaß haben.
Bleib bei mir und schütze mich.

Am Mittag

Alle guten Gaben,
alles was wir haben,
kommt, oh Gott, von Dir.
Wir danken dir dafür.

oder

Lieber Gott,
ich habe Hunger.
Schön, daß Mama für mich gekocht hat.
Ich danke dir dafür, daß ich satt werde.

Am Abend

Müde bin ich, geh zur Ruh,
schließe meine Augen zu,
Vater, laß die Augen dein,
über meinem Bettchen sein.

oder

Lieber Gott,
Danke für den schönen Tag,
Danke für die Sonne und den Spielplatz,
Danke für den Sand und die Bäume,
Danke für Mama und Papa,
Danke für meine Freunde,
Laß mich ruhig schlafen
und morgen wieder fröhlich aufwachen.

Jesus hat die Menschen gelehrt, wie sie zu seinem Vater beten sollen. Dieses Gebet beten alle Christen gemeinsam:

Vater unser

Vater unser im Himmel,
geheiligt werde dein Name.
Dein Reich komme.
Dein Wille geschehe,
wie im Himmel, so auf Erden.
Unser tägliches Brot gib uns heute.
Und vergib uns unsere Schuld,
wie auch wir vergeben unsern
Schuldigern.
Und führe uns nicht in Versuchung,
sondern erlöse uns von dem Bösen.
Denn dein ist das Reich und die Kraft
und die Herrlichkeit in Ewigkeit.
Amen.

Wenn ich Vater sage

Wenn ich Va - ter sa - ge, denk' ich an ein Haus, wo die Tü - re

offen ist für mich tag - ein, tag - aus. Va - ter un - ser im Him - mel.

Wenn ich Vater sage, denk' ich
an ein Licht,
das mich wärmt, mir leuchtet,
daß ich mich nicht fürcht'.

Wenn ich Vater sage, denke ich
an Brot;
Brot, das mir gereicht wird
gegen alle Not.

Wenn ich Vater sage, denk' ich
an die Hand,
die mich führt und leitet und
umschließet ganz.

Wenn ich Vater sage, denk' an
Liebe ich,
Liebe, die umarmt und mich
nicht vergißt.

Wenn ich Vater sage, denke ich
an Dich,
Vater, Du im Himmel, ja, Dein
Kind bin ich.

Text: Neubauer
Melodie: Franz Kett

Wo wohnt der liebe Gott?

Unser christlicher Glaube sagt, Gott ist im Himmel. Mit Himmel ist aber nicht ein bestimmter Ort gemeint, sondern da, wo Gott ist, ist der Himmel. Und das kann auch mitten unter den Menschen sein. In der Bibel werden viele Beispiele für Himmel, für das Reich Gottes, genannt. Dort gibt es Liebe, Freude, Verständnis und Verzeihen. Aber es sind nur Beispiele, die uns eine Ahnung von dem geben, was Gott an Liebe und Glück für uns bereithält, wenn wir ihm ganz nahe sind. Hier verstehen wir auch, daß der Himmel uns nicht in den Schoß fällt. Vielmehr ist es die Aufgabe der Menschen, an diesem Himmel mitzubauen und durch die Liebe zu anderen Menschen Gottes Liebe spürbar werden zu lassen. Kinder haben oft ganz eigene Vorstellungen von dem, was sie gut und schön finden. Lassen Sie Ihr Kind darüber erzählen, wie es sich den Himmel vorstellt, und lassen Sie ihm seine eigenen Vorstellungen. Sie können Ihr Kind auch an diesen Himmel erinnern, wenn es etwas ganz besonders Schönes erlebt hat.

Gott im Himmel

Vom Himmel kann man vieles sagen, was man auch von Gott sagen kann. Vielleicht ist das der Grund, warum für die Menschen Gott im Himmel ist.
- Der Himmel ist ohne Anfang und ohne Ende
- Der Himmel war schon immer da
- Der Himmel ist hell und strahlend
- Vom Himmel kommt die Wärme auf die Erde
- Wind, Wolken und Regen sind Kräfte, die Menschen nicht beherrschen können.

Das Hemd des Glücklichen

Der Himmel ist nicht oben oder unten. Der Himmel ist da, wo die Menschen glücklich sind. Davon erzählt auch die folgende Geschichte:

Es war einmal ein kranker König. Er war sehr unglücklich und sagte: »Wer mich gesund macht, bekommt die Hälfte meines Königsreiches.«
Da versammelten sich alle gescheiten Männer und überlegten, wie man den König gesund machen könne. Doch keiner wußte wie. Nur einer hatte eine Idee, wie man den König heilen könnte. Er meinte: »Man muß einen glücklichen Menschen ausfindig machen, ihm das Hemd ausziehen und es dem König anziehen. Dann wird der König gesund.« Der König schickte im ganzen Land seine Diener aus, damit sie einen glücklichen Menschen suchten. Die Diener suchten in jeder Ecke des Königsreiches, aber sie konnten keinen Glücklichen finden. Es gab nicht einen, der zufrieden war. Wenn einer reich war, war er krank. Fanden sie einen Gesunden, war er arm. War einer reich und gesund, dann hatte er eine faule Magd. Über irgend etwas beklagten sich alle. An einem Tag ging der Sohn des Königs abends an einer halb verfallenen Hütte vorbei und hörte jemanden sagen: »Gott war heute wieder

sehr gut zu mir. Ich hatte genug Arbeit. Ich bin satt geworden, und jetzt lege ich mich schlafen. Was brauche ich mehr?«
Der Sohn des Königs freute sich.
Er befahl seinen Dienern, diesem Menschen das Hemd auszuziehen. Sie sollten ihm dafür so viel Geld geben, wie er haben wollte, und das Hemd gleich dem König bringen.
Die Diener gingen schnell zu dem glücklichen Menschen und wollten sein Hemd haben. Da sahen sie, daß der Glückliche so arm war, daß er nicht einmal ein Hemd besaß.

(nach einer Legende von Leo N. Tolstoi)

Die Kirche als Gottes Haus

Du fragst Dich vielleicht, warum denn Gott gerade in der Kirche sein soll.
Der liebe Gott ist sicher nicht nur in der Kirche, er ist unter uns Menschen. Die Kirche ist ein besonders großer Raum, in dem sich die Leute versammeln können, um Gottes Wort zu hören, sich an Jesus zu erinnern und zu beten. Und wenn sie das tun, ist Gott sicher bei ihnen.
Manche Leute gehen auch gerne alleine in die Kirche, um mit Gott zu sprechen. Sie haben erfahren, daß sie in der Stille Gott besser hören können.

Für die Eltern

Die Kirchen als Bauwerke – ob sie nun aus früheren Jahrhunderten stammen oder neu sind – spiegeln das Denken und die Erfahrungen wider, die Menschen mit Gott gemacht haben. Der große Raum, die Ausstattung, das Licht – dies alles kann auch Kindern einen Zugang zu religiösen Dingen vermitteln.

In jeder Kirche gibt es für ein Kind vieles zu entdecken, das vom Glauben der Menschen erzählt. Gehen Sie mit Ihrem Kind ab und zu in die Kirche und entdecken Sie sie als einen Raum, in dem man zu sich kommen kann und Gott begreifen lernt.

Wir entdecken eine Kirche

Schau doch mal, was Du in einer Kirche alles Interessantes finden kannst!
● den großen Raum
● Säulen
● das Kreuz
● Bilder an der Wand
● Altar
● Lesepult
● Kerzen
● Figuren
● Weihwasserkessel

Gott
ist die Liebe

*H*at Gott mich so lieb wie Mama und Papa?

Kinder haben kaum Probleme, sich etwas Vollkommenes, etwas Heiles und Ganzes vorzustellen. Ihre Erfahrungen – wenn sie in einer liebevollen Umgebung aufwachsen – sind in der Regel so, daß sie sich auch eine unbegrenzte Liebe vorstellen können. Kinder werden ihren unmittelbaren Erfahrungsbereich, die Liebe der Eltern, als Maßstab nehmen. Natürlich hat die Liebe, die sich zwischen Menschen vollzieht, Grenzen; eben die Grenzen, die im Menschsein überhaupt liegen. Bei aller Erziehung zur Selbständigkeit, die notwendig und wichtig ist, sollten Kinder die Sicherheit haben, daß die Eltern immer für sie da sind. Dann können sie auch eine Vorstellung davon entwickeln, daß es einen Gott gibt, der immer für sie da ist und die Menschen liebt.

Ohne Liebe ist nichts schön

Wenn ich Streit mit Simon habe, macht Spielen keinen Spaß mehr.
Wenn Petra in mein Bild kritzelt, mag ich nicht mehr malen.
Wenn Eva sagt, mein neuer Pulli sei doof, mag ich ihn nicht mehr anziehen.
Wenn meine Lehrerin mich schimpft, bin ich traurig.

Kann man Liebe teilen?

Denkst Du manchmal auch, Mama oder Papa haben Deine kleine Schwester mehr lieb als Dich? Wird nicht alles weniger, wenn man es teilt? Nein, die Liebe nicht! Denn mit der Liebe ist es wie mit dem Licht einer brennenden Kerze. Versuche, das Licht einer Kerze zu teilen, und Du wirst herausfinden, daß es jedesmal mehr wird, wenn man es teilt.

Das Licht-Experiment

Nimm eine Kerze und zünde sie an. Nun versuche, dieses Licht zu teilen. Das ist ganz einfach: Du nimmst noch eine Kerze und entzündest sie an der ersten. Brennen jetzt beide nur halb so hell? Nein – ganz im Gegenteil. Jetzt hast du doppelt so viel Licht wie mit einer Kerze! Wenn Du Dir nun vorstellst, daß Gott seine Liebe teilt wie das Licht einer Kerze, dann kannst Du Dir auch vorstellen, daß Gottes Liebe unendlich groß ist.

Liebe kann man nicht für sich alleine haben

Das Licht einer Kerze strahlt überall hin. Wenn Du das Licht für Dich alleine haben willst, mußt Du Dich in ein Zimmer einschließen. Aber dann bist Du allein und vielleicht einsam. So ist es auch mit der Liebe; man kann sie nie für sich alleine haben – die Liebe der Eltern nicht und auch Gottes Liebe nicht.

Manchmal möchten Kinder wissen, ob sie denn auch wirklich am allermeisten geliebt werden. Häufig sind das wichtige Fragen, wenn ein kleines Geschwisterchen geboren wird. Selbstverständlich muß sich das Kind bei Ihnen sicher und geborgen fühlen. Aber man muß ihm erklären, daß man Liebe nie für sich alleine haben kann. Alles, was Menschen nur für sich alleine haben möchten, macht sie einsam. Das ist nicht nur für Kinder in unserer materiell orientierten Gesellschaft schwer zu verstehen!

Was wird mehr, wenn man es teilt?

Liebe
Licht
Freude
Glück

Ein schönes Erlebnis wird noch schöner, wenn wir es mit anderen teilen können. Ein altes Sprichwort sagt: Geteilte Freude ist doppelte Freude. Alle positiven Dinge im Leben wie Liebe, Glück oder Hoffnung werden noch mehr und größer, wenn andere Menschen daran teilhaben.

Was macht Gott mit bösen Menschen?

Für die Eltern

Diese Frage beschäftigt Kinder sehr. Immer wieder versucht man, ihnen klarzumachen, daß bestimmte Dinge »böse« sind: zu schlagen, zu lügen, nicht zu gehorchen, usw. Wenn man Gott als oberste Instanz betrachtet, als jemanden, der über den Grenzen der Menschen steht, beantworten diese Frage sehr gut die Gleichnisse aus der Bibel. Eine Geschichte, die Kinder sehr gut verstehen, ist das Gleichnis vom verlorenen Sohn.

Der gute Vater

Ein Mann hatte zwei Söhne. Der jüngere sagte zu seinem Vater: »Gib mir meinen Anteil am Vermögen, ich will in die weite Welt hinausziehen.«
Der Vater gab ihm das Geld, und der Sohn ging in ein fernes Land. Es dauerte nicht lange, da hatte er all sein Geld schon ausgegeben. Er trank, trieb sich mit schlechten Freunden herum, und am Ende war er bettelarm.
Als er nichts mehr zu essen hatte, ging er und suchte eine Arbeit. Er mußte auf dem Feld Schweine hüten und litt großen Hunger.
Da dachte er sich: Ich will wieder zu meinem Vater gehen und zu ihm sagen: Vater, ich bin nicht mehr wert, dein Sohn zu sein, doch laß mich als dein Knecht arbeiten.
Er machte sich auf den Weg. Sein Vater sah ihn schon von weitem kommen. Er lief ihm entgegen und nahm ihn in die Arme. Der Sohn sagte: »Vater, ich bin ein schlechter Mensch.«
Der Vater aber rief seine Knechte und befahl, seinem Sohn die besten Kleider anzuziehen und ein Kalb zu schlachten. »Wir wollen ein Freudenfest feiern.«
Sein älterer Sohn war auf dem Feld. Er

hörte den Gesang und sah, daß alle tanzten. Da fragte er einen Knecht: »Was hat das zu bedeuten?« Der Knecht erzählte ihm, daß sein Bruder wieder gesund nach Hause gekommen sei. Da wurde der ältere Bruder zornig und wollte nicht hineingehen. Sein Vater aber kam heraus und redete ihm zu, hereinzukommen. Der Sohn sagte zu seinem Vater: »Viele Jahre schon tue ich treu mein Arbeit, und noch nie hast du zu mir gesagt: Hier hast du ein Böckchen. Iß es mit deinen Freunden, und feiert ein Fest. Mein Bruder hat all sein Geld mit schlechten Menschen durchgebracht, jetzt kommt er heim, und du bewirtest ihn gleich mit einem fetten Kalb.« Da entgegnete ihm sein Vater: »Kind, du bist immer bei mir, und alles, was ich besitze, gehört auch dir. Aber jetzt müssen wir uns freuen, denn schau, dein Bruder war tot in seinem Herzen und wurde wieder lebendig.«

Im Herzen tot sein

Es gibt böse Menschen.
Sie tun anderen weh:
Menschen beachten andere nicht.
Menschen sagen sich böse Worte.
Menschen stehlen.
Menschen schlagen andere.
Menschen töten andere.

Diese Menschen haben sich von Gott entfernt, so wie der Sohn von seinem Vater weggegangen ist.
Menschen, die Böses tun, haben keine Liebe im Herzen.

Alle Menschen machen Fehler

Es gibt keinen Menschen, der keinen Fehler macht.
Ganz ohne Fehler und vollkommen ist nur Gott.
Machst auch Du manchmal etwas falsch oder tust etwas, von dem Du genau weißt, daß Du es nicht darfst?

Diese Kinder haben etwas falsch gemacht:

»Wenn ich mit schmutzigen Gummistiefeln durch die Wohnung gehe, schimpft meine Mutter. Ich weiß, daß ich das nicht darf, weil meine Mutter dann wieder sauber machen muß. Doch manchmal bin ich einfach zu faul, meine Schuhe auszuziehen.«

»Auf dem Weg zu meiner Freundin wachsen im Sommer Mohnblumen und Margariten. Einmal war ich wütend auf meine Freundin. Da habe ich die Blumen abgerissen und weggeworfen.«

»Gestern habe ich Sonjas Wachsmal-
kreide zerbrochen. Aber ich habe es nicht
zugegeben. Ich habe gesagt, Ali war es.
Und alle haben es geglaubt.«

Gute Vorsätze

Oft tut es uns leid, wenn wir etwas falsch
gemacht haben, und wir überlegen, was
wir tun können. Wenn Du Dir vornimmst,
etwas nicht mehr zu tun oder etwas
besser zu machen, sind das gute Vorsätze.
Überleg mal, welche der guten Vorsätze

Du richtig finden würdest, um die Fehler
der Kinder aus den Beispielen wieder gut
zu machen:

● »Ich nehme mir fest vor, es nie mehr
zu tun.«
● »Ich gebe zu, was ich getan habe.«
● »Ich entschuldige mich bei Mama.«
● »Ich stelle mir vor, wie die Erde ausse-
hen würde, wenn es keine Blumen gäbe.«
● »Ich bitte Gott um Verzeihung.«
● »Ich entschuldige mich bei Ali.«
● »Ich helfe Mama beim Saubermachen.«

Für die Eltern

Für das Selbstvertrauen und die Sicherheit von Kindern ist es ganz wichtig, daß sie lernen, wie sie sich richtig verhalten und was sie falsch machen. Vor allem als Eltern haben Sie es in der Hand, Ihrem Kind zu zeigen, daß durch Ehrlichkeit, Rücksichtnahme, Toleranz oder Solidarität mit Schwächeren das Zusammenleben mit anderen Menschen viel schöner wird. Dabei kann es nicht ausbleiben, daß man das Kind korrigiert, es auf falsche Entscheidungen und Fehlverhalten aufmerksam macht. Wenn Kinder um Verzeihung bitten oder einen Fehler wieder gut machen wollen, ist es ganz wichtig, daß Eltern dies auch annehmen und damit die Sache auf sich beruhen lassen. Wenn Eltern immer wieder auf etwas »herumhacken«, verlieren Kinder das Vertrauen darauf, daß man Fehler wirklich gut machen kann, und versuchen es irgendwann erst gar nicht mehr.

Gott verzeiht immer

Wir können nicht leugnen, daß es Böses gibt und daß es Menschen gibt, die Böses tun. Wenn Menschen sich von Gott entfernen, spüren sie keine Liebe und keine Freude mehr. Für diesen Zustand gibt es seit alten Zeiten den Begriff Hölle. In der Vorstellung der Menschen ist das ein Ort, an dem das Böse herrscht. Wir wissen nicht, ob es einen Menschen gibt, der für immer böse ist und sich endgültig von Gott getrennt hat. Wir vertrauen darauf, daß Gott jeden Menschen, wie weit er sich auch von ihm entfernt hat, immer wieder annimmt und ihm immer wieder verzeiht. Gottes Liebe und Güte sind unendlich groß, auf jeden Fall größer als wir sie uns vorstellen können.

Lieber Gott,

heute war kein guter Tag,
Ich habe mich mit meinen Freunden gestritten,
wir haben uns angeschrieen,
und uns schmutzige Wörter gesagt,
schließlich haben wir uns sogar verhauen.
Da warst du ganz weit weg von uns.
Lieber Gott, Streit ist nicht schön.
Gib uns deine Liebe, damit wir uns vertragen
und friedlich miteinander spielen können.
Sei uns morgen nahe, damit Liebe und Freude bei uns bleiben.

*K*ann ich machen, was ich will?

Ich kann mich entscheiden

Gott hat uns einen freien Willen gegeben. Wir können uns entscheiden. Wir können sagen »Ich will« oder »Ich will nicht«. Wir können etwas tun, oder wir können es lassen. Unsere Entscheidungen und vieles, was wir tun, betreffen aber auch andere Menschen. Deshalb ist es wichtig, auch auf die Wünsche und Bedürfnisse von anderen einzugehen. Unsere Entscheidungen und unser Tun dürfen andere Menschen nicht einschränken oder sie verletzen.

Was würdest du tun?

Jeden Tag gibt es viele Dinge zu entscheiden, oft merken wir es gar nicht. In den folgenden vier ganz alltäglichen Ereignissen siehst Du, wie die Kinder sich verhalten. Würdest du es genauso machen?

● Papa hat Frühstück gemacht. »Komm Julia, Frühstück ist fertig«, ruft er, »ich bring' dich danach gleich in den Kindergarten.« Julia will aber noch nicht frühstücken, sie will lieber mit ihren Bausteinen spielen. Papa muß in die Arbeit, er kann nicht warten. Papa ist ärgerlich auf Julia; Julia ist sauer auf Papa.

● Manuels Opa liegt im Krankenhaus. Mama will ihn besuchen. »Gehst du mit mir?« fragt sie Manuel. »Ich wollte heute nachmittag Skateboardfahren«, antwortet Manuel. Mama erklärt ihm, daß Opa sich über seinen Besuch sehr freuen würde. »Okay«, sagte Manuel zu Mama, »ich gehe mit dir, Skateboardfahren kann ich morgen auch.«

● Christoph hat viele Märchenkassetten und hört sie sich gerne an. Simon mag Märchenkassetten auch sehr gerne, aber er hat nur eine mit »Frau Holle«. Simon

bittet Christoph: »Leihst du mir eine Kassette, ich bringe sie dir morgen wieder mit«. »Nein«, sagt Christoph, »meine Märchenkassetten leihe ich nicht her«.

● Katrin und Miriam sind Freundinnen. In ihrer Kindergartengruppe ist auch Anne. Sie ist nicht sehr beliebt bei den Mädchen, weil sie dick und immer so langsam ist. Auf dem Heimweg sagt Katrin zu Miriam: »Komm, wir ärgern Anne.« »Nein«, sagt Miriam, »das ist unfair. Alle Kinder ärgern Anne, nur weil sie dick und langsam ist. Ich mach' da nicht mit.«

Es richtig machen

In diesen vier Bereichen kannst Du es richtig machen:

ICH
Ich will auf mich aufpassen. Ich will mich vor gefährlichen Situationen schützen. Ich will nicht Dinge tun, die mir schaden.

MITMENSCHEN
Ich will ihnen nicht weh tun. Ich will sie achten, so wie sie sind. Ich will ihnen etwas Gutes tun. Ich will ihnen Liebe schenken.

NATUR
Ich will Pflanzen und Tiere achten. Ich will Tiere nicht quälen. Ich will Pflanzen nicht kaputt machen. Ich will Pflanzen und Tiere, die mir anvertraut sind, pflegen.

GOTT
Ich will daran denken, daß Gott mich liebt. Ich will mit Gott sprechen. Ich will achten, was Gott gemacht hat.

Lieber Gott,

du hast uns einen freien Willen gegeben.
Heute ist es mir gelungen,
nicht mit anderen Kindern zu streiten.
Ich habe nachgegeben,
und alle haben sich gewundert.
Danke, lieber Gott,
daß du mir die Kraft gegeben hast,
gut zu sein.

Warum läßt Gott den Krieg zu?

Für die Eltern

Ihr Kind sieht im Fernsehen oft Bilder aus Kriegsgebieten. Häuser wurden zerstört, Verletzte werden weggetragen, den Menschen stehen Angst und Trauer ins Gesicht geschrieben. Wenn Gott das Gute für die Menschen will und allmächtig ist, warum verhindert er dann den Krieg nicht, fragt Ihr Kind Sie vielleicht.

Die religiösen Fragen von Kindern sind oft grundsätzliche Fragen, auf die Erwachsene auch keine Antwort wissen. Sie sind manchmal auch deshalb unangenehm, weil sie uns deutlich machen, daß wir selbst diesen »letzten« Fragen ausweichen.

Wenn Sie mit Ihrem Kind etwas Schwieriges oder Trauriges besprechen, sorgen Sie für eine vertrauensvolle Atmosphäre. Nehmen Sie Ihr Kind auf den Schoß oder setzen Sie sich zu ihm. Nehmen Sie sich Zeit. Denn Ihr Kind soll spüren, daß es mit schwierigen Fragen nicht alleingelassen wird.

Geben Sie zu, daß Sie selbst auch manchmal keine Antworten auf schwierige Fragen haben. Versuchen Sie Ihrem Kind zu erklären, wie Sie mit Dingen umgehen, die Ihnen Angst machen oder die Sie nicht beeinflussen können.

Es gibt viel Leid auf der Erde

● Sandras Kater Moritz wurde von einem Auto überfahren. Sandra ist sehr traurig. Sie hatte ihn sehr gern. Er wird ihr fehlen.
● Monika kann nicht gehen. Schon als sie geboren wurde, konnte sie ihre Beine nicht bewegen. Sie ist querschnittsgelähmt. Aber in ihrem Rollstuhl ist Monika sehr beweglich. Sie spielt mit anderen Kindern und ist fröhlich. Nur manchmal ist sie traurig, weil sie springen und laufen möchte wie alle Kinder.

● José lebt in einer kleinen Hütte am Rande von Sao Paolo in Brasilien. Es gibt kein Waschbecken und kein elektrisches Licht dort. José hat immer Hunger. Er hat mehrere Geschwister, aber keinen Vater. Seine Mutter weiß nicht, wie sie die Kinder ernähren soll, seit der Vater die Familie verlassen hat. Oft sucht José im Abfall nach etwas Eßbarem und freut sich, wenn er es mit den Geschwistern teilen kann.

● In Milans Stadt herrscht Krieg. Seit mehr als zwei Jahren. Jeden Tag hört Milan Granaten einschlagen. Sie zerstören die Häuser und verletzen die Menschen. Viele Nächte hat Milan schon im Keller verbracht, um vor Granaten sicher zu sein. Er hat immer Angst, irgendwann verletzt zu werden. Wie sein Freund Boris, den er schon ganz lange nicht mehr gesehen hatte.

Wir haben viele Fragen

● Warum paßt Gott nicht auf die Tiere und Menschen auf, damit ihnen nichts zustößt?

● Ist es nicht ungerecht, wenn manche Menschen gesund und andere ein ganzes Leben lang krank sind?

● Warum läßt Gott nicht überall genug wachsen, damit alle Menschen satt werden?

● Warum gibt es Stürme und Erdbeben, die den Menschen die Häuser zerstören?

● Warum macht Gott die Bösen nicht gut, damit es keinen Krieg mehr gibt?

Gott ist kein Zauberer

Wir können nicht gut verstehen, warum Gott so viel Leid und Böses zuläßt, wenn er doch das Gute für die Menschen will. Wir werden diese Frage nicht beantworten können.

Gott ist kein Zauberer, der den Menschen ihre Wünsche erfüllt. Solange wir auf der Erde leben, werden wir Schönes und Schlimmes, Gutes und Böses erleben. Wir dürfen darauf vertrauen, daß Gott bei uns ist, wenn es uns schlecht geht. Viele Menschen erleben Gottes Nähe erst, wenn sie krank oder hilflos sind. Dann freuen sie sich über jeden, der sie besucht, ihnen hilft, sie tröstet oder sie pflegt. Leid oder Krankheit sind manchmal vielleicht notwendig, damit Menschen einen Weg zu Gott finden. Wir wissen es nicht.

Lieber Gott,

ich habe alles, was ich brauche.
Eltern, die mich liebhaben,
ein Zuhause, das warm und schön ist,
Essen, das mir schmeckt,
Kleider, die mir gefallen,
Spielsachen, die nicht langweilig werden,
Freunde, mit denen ich mich verstehe,
Medizin, wenn ich krank bin.

Nicht allen Menschen geht es so gut wie mir.
Sie haben Hunger, keine Kleider, keine Wohnung.
Sie haben keine Arbeit.
Sie haben keinen Menschen, der sie liebt.
Sie sind allein und haben Angst.

Lieber Gott, es geht mir so gut.
Laß mich zufrieden sein mit dem, was ich habe.
Gib mir Kraft, anderen zu helfen, wo es mir möglich ist.

Jesus zeigt uns den Weg zu Gott

Wer ist Jesus?

Für die Eltern

Lernen Sie mit Ihrem Kind Jesus kennen. In den Geschichten der Bibel, in denen Jesus zu den Menschen spricht, mit ihnen ißt, sie heilt oder tröstet, können Kinder am besten begreifen, wer Jesus ist.

● Erzählen Sie Ihrem Kind Geschichten von Jesus oder lesen Sie sie ihm vor.

● Schauen Sie mit Ihrem Kind Bilder an, auf denen Jesus dargestellt ist, und lassen Sie Ihr Kind erzählen, was es darauf sieht.

● Suchen Sie auf der Landkarte, wo Israel liegt, und suchen Sie die Städte Bethlehem, Jerusalem und Nazareth, den See Genezareth, den Jordanfluß u.ä.

● Vermitteln Sie Ihrem Kind, daß Jesus durch die Menschen, die von ihm erzählen und nach seinem Beispiel leben, immer noch unter uns ist.

Freut euch alle, Jesus ist geboren

Kaiser Augustus herrschte vor ungefähr 2000 Jahren über das große römische Reich. Auch das Land der Juden gehörte damals dazu.

Kaiser Augustus gab den Befehl, alle Bewohner des Reiches in Steuerlisten einzutragen. Jeder im Land der Juden ging in die Stadt, aus der seine Familie stammte. Josef und Maria aus der Stadt Nazareth gingen nach Bethlehem. Denn Josef gehörte zur Familie des Königs David, der in Bethlehem gelebt hatte. Maria erwartete ein Kind.

Als sie nach Bethlehem kamen, gab es in den Gasthäusern und Herbergen keinen Platz mehr. Sie mußten in einem Stall schlafen.

Dort brachte Maria ihr Kind, ihren ersten Sohn, zur Welt. Sie wickelte ihn in Windeln und legte ihn in eine Futterkrippe.

In der Nähe waren Hirten auf dem Feld und hielten Nachtwache bei ihren Schafen. Da kam ein Engel Gottes zu ihnen, und es wurde ganz hell um sie. Die Hirten fürchteten sich sehr, aber der Engel sagte zu ihnen: Fürchtet euch nicht, denn ich verkünde euch eine große Freude. Alle Menschen sollen es wissen: Heute ist der Heiland geboren, er wird euer Retter sein. Geht nach Bethlehem. Dort werdet ihr ein Kind finden. Es ist in Windeln gewickelt und liegt in einer Krippe.

Plötzlich waren ganz viele Engel auf dem Feld der Hirten und sangen: Ehre sei Gott in der Höhe und Friede den Menschen auf Erden.

Als die Hirten die Engel nicht mehr sahen, gingen sie schnell nach Bethlehem. Sie fanden Maria und Josef und das Kind. Sie knieten nieder, beteten das Kind an und lobten Gott.

Dann erzählten sie, was ihnen der Engel über das Kind gesagt hatte, und alle staunten über die Worte der Hirten. Maria aber behielt alles in ihrem Herzen und dachte darüber nach.

(nach: Lukas 2, 1-20)

Jesus bringt die frohe Botschaft

Als Jesus etwa dreißig Jahre alt war, ging er an den See Genezareth und in die Dörfer und erzählte den Menschen von Gott, seinem Vater. Sie waren sehr erstaunt, denn Jesus redete wie einer, der mehr von Gott wußte als andere Menschen.

Jesus hat den Menschen die Liebe Gottes gezeigt. Die Liebe war für ihn wichtiger als alles andere. Das war für die Leute etwas ganz Neues. Arme und kranke Menschen wurden zu der Zeit, als Jesus lebte, sehr gering geachtet. Die Leute glaubten, daß Gott die Menschen strafen will, die krank oder arm sind. Jesus hat den armen und kranken Menschen gezeigt, daß Gott sie nicht strafen, sondern froh machen will. Viele Menschen waren von Jesus begeistert und hörten ihm zu, wenn er in ihren Ort kam.

Jesus heilt einen Blinden

Einmal kam Jesus mit seinen Freunden nach Jericho. Als sie wieder aus der Stadt hinausgingen, folgten ihnen viele Leute. An der Straße saß ein blinder Bettler, er hieß Bartimäus. Als er hörte, daß Jesus vorbeikam, rief er laut: »Jesus, Sohn Davids, hab Erbarmen mit mir!« Viele Leute wurden ärgerlich und sagten zu ihm: »Sei still!« Der blinde Bettler schrie aber noch viel lauter: »Jesus, hab Erbarmen mit mir!« Da blieb Jesus stehen und sagte: »Ruft ihn her!« Da riefen die

Leute Bartimäus und sagten zu ihm: »Hab nur Mut, steh auf, Jesus ruft dich!« Da warf er seinen Mantel weg, sprang auf und rannte zu Jesus. Und Jesus fragte ihn: »Was soll ich für dich tun?« Bartimäus antwortete: »Herr, ich möchte wieder sehen können.« Da sagte Jesus zu ihm: »Geh! Dein Glaube hat dir geholfen.« Im gleichen Augenblick konnte er wieder sehen, und er ging mit Jesus.

(nach: Markus 10,46 - 52)

Gott, unser Vater!

Du hast Jesus zu den Menschen geschickt.
Er hat uns deine Kraft gezeigt.
Bartimäus war blind und konnte sehen.
Wir sind manchmal auch blind.
Sehen nicht, daß jemand traurig ist,
Sehen nicht, daß jemand Hilfe braucht.
Wir brauchen Jesus auch,
Er schenkt uns Licht und Leben.
Danke für Jesus.

Jesus besucht einen Sünder

Eines Tages kam Jesus nach Jericho und ging in die Stadt. Dort wohnte Zachäus. Er war ein Zöllner und sehr reich. Die Leute mochten ihn nicht, denn er nahm ihnen immer zuviel Geld ab.

Zachäus wollte gerne sehen, wer dieser Jesus war. Er war aber sehr klein, und viele Leute standen vor ihm. Deshalb rannte er voraus und kletterte auf einen Baum.
Als Jesus an dem Baum vorbeikam, schaute er hinauf und sagte: »Zachäus, komm schnell herunter! Ich will heute in deinem Haus zu Gast sein.«
Da stieg Zachäus schnell herunter und konnte kaum glauben, daß Jesus in seinem Haus essen wollte.
Die anderen Leute waren empört darüber und sagten: »Er ißt mit diesem Zachäus, der so viel Böses getan hat.«
Zachäus aber freute sich so sehr, daß er zu Jesus sagte: »Herr, die Hälfte von allem, was ich besitze, gebe ich den Armen, und wenn ich einem zuviel Geld abgenommen habe, so geb' ich ihm viermal soviel zurück.«

(nach: Lukas 19, 1-10)

Warum hängt Jesus am Kreuz?

Jesus hat Feinde

Die mächtigen Männer im Land, die Schriftgelehrten, die sich in der Bibel gut auskannten, und die Hohen Priester haßten Jesus. Sie wollten nicht glauben, was Jesus von Gott, seinem Vater, sagte. Sie waren überzeugt, daß nur sie selbst wußten, wie man Gottes Gebote befolgt.
Aber auch viele Menschen waren von Jesus enttäuscht. Sie hatten gehofft, Jesus würde sie von der Herrschaft der Römer befreien und sie reich machen.
Die mächtigen Männer bei den Juden, die Hohen Priester, beschlossen, Jesus gefangenzunehmen und ihn zu töten.

Jesus stirbt am Kreuz

Nachdem Jesus mit seinen Freunden das Osterlamm gegessen hatte, ging er in einen Garten am Ölberg. Jesus betete zu seinem Vater. Er hatte große Angst, denn er wußte, daß er sterben mußte. Er sagte: »Vater, ich will deinen Willen tun.« Judas, einer von seinen Freunden, hatte Jesus an die Römer verraten. Die Soldaten kamen und nahmen Jesus gefangen. Sie brachten ihn zu den Hohen Priestern. Einer von ihnen fragte Jesus: »Bist du Gottes Sohn?« Jesus antwortet: »Ja, ich bin es«. Da sagte der Hohe Priester: »Er lügt. Er lästert Gott. Deshalb muß er sterben.«
Sie ließen Jesus zu Pilatus bringen. Pilatus war der römische Statthalter und mächtigste Mann im Land. Er wollte Jesus freilassen, doch das Volk schrie: »Kreuzige ihn!« Da übergab Pilatus Jesus den Soldaten. Sie legten Jesus einen roten Mantel um und setzten ihm eine Krone aus Dornen auf. Sie verspotteten ihn: »Du willst ja ein König sein!«
Die Soldaten führten Jesus aus der Stadt hinaus, um ihn zu kreuzigen. Er mußte

sein Kreuz selbst tragen. Auf dem Berg Golgota nagelten die Soldaten Jesus ans Kreuz. Über seinem Kopf brachten sie eine Inschrift an, auf der stand: »Das ist Jesus, der König der Juden.«
Jesus litt große Schmerzen. Er rief nach seinem Vater und starb.

(nach: Lukas 22, 47 ff)

Aus Liebe zu den Menschen

Mit seinem Sterben am Kreuz hat Jesus gezeigt, wie sehr er die Menschen liebt. Durch seinen Tod hat er das Böse von den Menschen weggenommen. Deshalb dürfen wir dankbar sein dafür, daß Jesus für uns gestorben ist.

Guter Gott,

Jesus hat für uns gelitten.
Er hat Spott und Schmerzen ertragen.
Er ist für uns am Kreuz gestorben.
Aber er hat das Böse besiegt.
Er schenkt uns neues Leben.
Wir danken Dir für Jesus.

Jesus ist auferstanden

Als Jesus gestorben war, nahmen ihn seine Freunde vom Kreuz herunter und legten ihn in ein Grab, das sich in der Nähe befand. Ein schwerer Stein, den niemand alleine hätte bewegen können, verschloß den Eingang.
Nach zwei Tagen kamen früh am Morgen Frauen, um nach dem Grab zu sehen. Der Stein war weggerollt, und Jesus war nicht mehr da. Ein Engel sagte zu den Frauen: »Habt keine Angst! Ihr sucht Jesus. Er ist nicht mehr da. Er ist auferstanden. Geht und sagt es seinen Freunden!«
Die Frauen gingen schnell nach Jerusalem zurück und erzählten den Freunden: »Jesus lebt, er ist nicht mehr tot!« Als sie noch redeten, stand Jesus plötzlich unter ihnen. Jesus sagte zu ihnen: »Habt keine Angst! Schaut auf meine Hände und Füße: Ich bin es selbst. Ich gehe jetzt zu meinem Vater. Ihr werdet mich nicht mehr sehen, aber seid sicher: Ich bin bei euch alle Tage bis ans Ende der Zeit.«

(nach: Matthäus 28, 1-20)

Für die Eltern

Der Glaube an die Auferstehung Jesu ist der Dreh- und Angelpunkt des christlichen Glaubens. Es gibt viele Wege, wie jeder für sich dieses Geheimnis der Auferstehung deutet. Viele Menschen wollen in unserer aufgeklärten Zeit alles verstehen und wissenschaftlich belegt haben. Doch es wird zwischen Himmel und Erde immer Dinge geben, die man nicht erklären kann.

Scheuen Sie sich nicht, Ihrem Kind zu sagen, daß Sie Schwierigkeiten haben, manche Dinge zu verstehen.

Sagen Sie Ihrem Kind aber auch, daß man sich um religiöse Dinge bemühen muß, um glauben zu können.

Zeichen des Lebens

Das Kreuz war für die Römer ein Zeichen der Schande. Wer am Kreuz sterben mußte, wurde von den Menschen verachtet. Doch durch Jesus ist das Kreuz ein Zeichen von Leben geworden. Denn Jesus ist nach drei Tagen auferstanden, und das Kreuz konnte sein Leben nicht für immer zerstören. Das Kreuz wurde das Zeichen für Jesus selbst.

Nachdem Jesus zu seinem Vater gegangen war, erzählten seine Freunde überall von ihm. Dabei war das Kreuz ihr Zeichen.

Warum gehen die Leute in die Kirche?

Sonntag ist ein besonderer Tag

Der Sonntag ist ein besonderer Tag für Christen. Jesus ist am ersten Tag der Woche auferstanden, deshalb ist es für sie ein Feiertag, und beim Sonntagsgottesdienst erinnern sich die Leute an das Leben, den Tod und die Auferstehung von Jesus. Sie versammeln sich am Vormittag oder am Abend, um aus der Bibel Gottes Wort zu hören, zu singen und Gott zu danken.

Gottes Wort hören

Hast Du schon einmal einen Brief bekommen? Mama liest Dir vor, was Freunde oder Verwandte schreiben. Das ist etwas anderes als telefonieren. Den Brief kannst Du in Händen halten, ihn noch einmal vorgelesen bekommen. Er bleibt auf dem Tisch liegen, und wenn Du ihn siehst, freust Du Dich: Da hat jemand an mich gedacht, ich denke an ihn.

So ähnlich ist es mit der Bibel, aus der am Sonntag in der Kirche vorgelesen wird. Wir hören, was Gott den Menschen gesagt hat und wie er sich ihnen gezeigt hat. In den Erzählungen von Jesus hören wir, wie er den Menschen begegnet ist und was er ihnen gesagt hat.

Die Freunde von Jesus haben seine Geschichte und die Geschichten, die er erzählt hat, aufgeschrieben. Sie helfen uns heute, so zu leben, wie Jesus gelebt hat, und wie Gott, sein Vater, es wollte.

Erinnerung an Jesus

Beim Sonntagsgottesdienst erinnern
sich die Leute auch, daß Jesus vor seinem
Sterben mit seinen Freunden zum letzten
Mal das Abendmahl gegessen hat.
Die Zeichen von Brot und Wein erinnern
an Jesus.
Die Bibel erzählt uns, was bei diesem
letzten Abendmahl geschah:
Jesus versammelte sich mit seinen
Freunden in einem Haus in Jerusalem,
um das Passahmahl zu essen. Während
des Mahles nahm Jesus das Brot
und dankte seinem Vater im Himmel. Er
brach das Brot, gab es seinen Freunden
und sagte: »Nehmt und eßt davon. Ich bin
das Brot des Lebens.« Danach nahm er
den Becher mit Wein, dankte wieder seinem Vater im Himmel und sagte: »Trinkt
alle davon. Ich gebe mein Leben für euch
hin. Denkt an mich, wenn ihr dies tut.«

Guter Gott,

dein Sohn Jesus hat uns Brot und Wein
als Zeichen für sein Leben geschenkt.
Durch Brot und Wein
laß uns froh werden,
laß uns anderen Fröhlichkeit schenken,
laß uns deine Liebe spüren
und sie weitergeben.

Warum sterben die Menschen?

Alles, was auf der Erde lebt, stirbt irgendwann

Das Leben auf der Erde ist so eingerichtet, daß jeden Tag etwas Neues entsteht und etwas Altes zugrundegeht.

Im Frühjahr blühen im Garten viele Tulpen. Nach ein paar Wochen fallen die Blüten ab, und die Blätter werden welk. Von der schönen Blume bleibt nur noch ein trockener Stengel übrig.

Im Park steht eine große Eiche. Sie hatte einmal eine wunderschöne, dichte Krone. Doch dann wurden die Blätter krank und einige Äste blieben kahl. Nach dem Winter bekam die große Eiche gar keine Blätter mehr; sie ist abgestorben.

Romeo, ein struppiges, braunes Pony, gehörte zu einem großen Bauernhof. Jeden Tag war er auf der großen Wiese zu sehen. Romeo war alt, er konnte keinen Wagen mehr ziehen und keine Mohrrüben mehr beißen. Eines Morgens lag er tot auf der Wiese.

Wenn Menschen sterben

Wenn ein Mensch stirbt, hört sein Herz auf zu schlagen. Niemand weiß, wie es ist, tot zu sein. Wir sehen nur, daß ein toter Mensch nicht mehr atmet, sich nicht mehr bewegt, nicht mehr spricht und nicht mehr denkt.
Wir Menschen gehören zu diesem Leben auf der Erde, und es hat einen Anfang und ein Ende. Nur Gott ist ohne Anfang und ohne Ende. Das ist vielleicht die Antwort auf die Frage, warum Menschen sterben müssen: Menschen sind nicht wie Gott.
Jeder Mensch hat aber nicht nur einen Körper, sondern auch eine Seele. Die

Seele in uns ist es, die uns fühlen und lieben läßt. Und so wie wir glauben, daß Gott immer da ist, so glauben wir auch, daß die Seele eines Menschen nicht stirbt, sondern zu Gott geht. Ganz sicher können wir das nie wissen, denn der Tod bleibt für alle Lebenden ein Geheimnis.

Für die Eltern

Tod und Sterben sind in unserer Zeit sehr schwierige Themen geworden. Sie werden verdrängt und ausgeklammert.

Doch Tod und Sterben gehören zur Natur des Menschen. Wenn wir damit umgehen lernen, Trauer zulassen und die Angst überwinden, wird das Leben leichter. Wenn Ihr Kind mit Krankheit, Sterben und Tod konfrontiert wird, versuchen Sie nicht, es mit allen Mitteln davon fernzuhalten.
Sprechen Sie mit Ihrem Kind darüber, daß das Leben einmal zu Ende geht; zum Beispiel, wenn Sie auf den Friedhof gehen. Wenn Sie in der Familie einen Angehörigen verlieren, geben Sie Ihrem Kind die Möglichkeit, Abschied zu nehmen.

Wenn Sie selbst eine Phase der Trauer durchmachen, sprechen Sie mit Ihrem Kind darüber; denn Kinder ertragen es schwer, ihre Eltern traurig zu sehen. Sagen Sie ihm, was Sie traurig macht. Sagen Sie ihm aber auch, daß diese Zeit der Trauer vorübergeht und Sie dann wieder fröhlich sind.

Schaffen Sie für sich und Ihr Kind Gelegenheiten, sich an den Toten zu erinnern.

Sterben macht uns traurig

Warst Du schon einmal traurig, weil jemand gestorben ist, den Du gut gekannt hast? Der Abschied fällt uns schwer, weil der Tote uns fehlen wird. Laß Dir erzählen, wie Simon von seinem Opa Abschied genommen hat:

Simons Opa war lange Zeit krank gewesen. Er hatte ihn oft im Krankenhaus besucht. Eines abends kam sein Vater nach Hause, nahm Simon in den Arm und sagte: »Opa ist tot«. Zum ersten Mal hat Simon seinen Vater weinen sehen. Auch Simon weinte, denn er wußte, daß er nie mehr mit Opa zusammen spielen würde. Simon dachte lange Zeit nach, was er nun tun sollte. Er wollte einfach noch einmal mit Opa reden. Er nahm ein schönes Blatt Papier und schrieb alles drauf, was er Opa nun nicht mehr sagen konnte.

Er malte Blumen, die Sonne und Schmetterlinge dazu und steckte den Bogen in einen Umschlag. Darauf schrieb er »für Opa«. Bei der Beerdigung warf Simon den Brief in das Grab. Er hatte mit Opa noch einmal geredet, und das machte ihn froh, auch wenn er ganz traurig war.

Lieber Gott,

der Tod macht mich so traurig.
Ich kann nichts mehr tun für einen Menschen,
wenn er gestorben ist.
Ich will glauben, daß die Toten bei Dir sind
und daß es ihnen da gut geht.
Tröste mich, lieber Gott,
damit ich wieder fröhlich sein kann.

Ort des Erinnerns

Die Menschen haben schon immer ihre Toten an bestimmten Plätzen bestattet. Diese Orte wurden besonders gepflegt, um an die Toten zu erinnern.

Auf einem Friedhof kannst Du sehen, wie liebevoll viele Gräber geschmückt sind. Die Familie will damit zeigen, wie gern sie den Toten hatte. Aber der Körper, der unter der Erde liegt, ist nur eine leere Hülle. Wir hoffen und glauben, daß seine Seele bei Gott ist.

Erinnerungen sind wichtig

Steckt in Deinem Zimmer auch noch das Fähnchen vom letzten Sommerfest? Hast Du Deine Schultüte noch? Es gibt viele Dinge, die wir als Erinnerung an besondere Ereignisse gerne behalten. Die Erinnerung an Menschen ist für uns noch wichtiger als die an Ereignisse.

Liebe Menschen, die gestorben sind, bleiben uns nahe, wenn wir von ihnen sprechen oder in unserer Wohnung Dinge behalten, die uns an sie erinnern. So ist das zum Beispiel mit Tobias' Opa: Er starb schon bevor Tobias geboren wurde. Und doch kennt er ihn ganz gut, denn seine Oma erzählt immer wieder von ihm. »Opa hat die Berge geliebt und hätte dir gerne die Bergblumen erklärt«, sagt Oma, »und er ist bestimmt ganz stolz auf dich, weil du jetzt schon lesen kannst.« Wenn Oma von Opa erzählt, dann wird sie ganz froh, und es ist ein bißchen so, als würde er dabeisitzen.

Werden wir wieder lebendig?

Gott will das Leben für die Menschen

Gott hat die Erde, die Pflanzen und Tiere für die Menschen erschaffen. Von all dem, was Gott gemacht hat, sind ihm die Menschen das Wichtigste. Sie sind ihm so wichtig, daß er will, daß die Menschen nach ihrem Leben auf der Erde ein neues Leben haben. Wie dieses neue Leben aussieht, können wir uns nicht vorstellen. Es wird anders sein, als wir uns das denken. Doch Jesus hat uns versprochen, daß die Menschen dieses neue Leben haben werden und daß bei seinem Vater immer Freude sein wird.

Das neue Leben

Unter einem dicken Brennesselblatt war eine kleine Raupe aus dem Ei geschlüpft. Die Sonne schien. Die kleine Raupe staunte nicht schlecht über die vielen Blätter um sie herum, denn sie war hungrig. Sie kletterte los und fraß und fraß. Sie hatte ein wunderbares Leben. Kein Tag war wie der andere. Mal schien die Sonne, mal prasselte der Regen auf die Blätter. Mal war sie keck und kletterte an der Brennesselstaude bis ganz obenhin, mal versteckte sie sich, um nicht gefressen zu werden.

Die kleine Raupe hatte keine Sorgen und wuchs prächtig. Sie wurde immer größer und dicker.

Als ihr das Klettern immer schwerer fiel, suchte sie sich einen versteckten Platz. »Ich fühle mich so müde und schwach«, dachte die Raupe, »was soll nur aus mir werden«. Sie streckte sich auf der Unterseite eines Blattes aus und begann, sich einzuspinnen. Als kaum noch etwas von ihr zu sehen war, fragte sie sich erschreckt: »Muß ich jetzt sterben?« Dann merkte sie nichts mehr.

Eines Morgens öffnete sich die Larve,
in die sich die Raupe eingesponnen hatte,
ein klein wenig. Ein zartes Gebilde
schlüpfte heraus und ließ sich von der
Sonne wärmen. Es entfaltete seine Flügel
und atmete tief. »Oh«, sagte der Schmetterling, »wie schön ist es hier.« Er spannte
seine Flügel, flog über die Blumenwiese
und war glücklich.
Davon, daß er einmal eine Raupe
war, wußte der Schmetterling nichts.

Muß ich auch sterben?

Hast Du schon einmal daran gedacht,
daß Dein Leben irgendwann zu Ende
geht? Nein? Es ist völlig natürlich, daß
Du nicht oder nicht gerne darüber
nachdenkst, denn Du hast noch so viel
Leben vor Dir.
Sprich mal mit Mama und Papa über
folgende Dinge und Du wirst vielleicht
feststellen, daß das Sterben und der Tod
gar nicht so schrecklich sind:
● Das Leben der Menschen ist so eingerichtet, daß es einen Anfang und ein
Ende hat. Dazu gehören Jungsein,
Großwerden, die Welt kennenlernen,
einen Beruf ausüben, und es gehört das
Altwerden dazu. Es ist ein ganz natür-
licher Kreislauf, daß ein alter Mensch
stirbt.

● Bestimmt überlegst Du Dir manchmal,
wie Deine Zukunft aussehen soll, was
Du einmal werden möchtest, was Du alles
sehen möchtest. Alle Deine Pläne
haben nur einen Sinn, weil Du Dir sicher
bist, daß Du so viele Jahre vor Dir hast.
● Manchmal sterben auch Kinder und
junge Menschen. Niemand weiß, an
welchem Tag Gott ihn zu sich holt. Wenn
wir aber immer Angst hätten, daß wir
sterben könnten, hätten wir gar keine
Zeit, uns darüber zu freuen, daß wir leben.
● Christen glauben daran, daß sie nach
dem Tod ein neues, anderes Leben haben
werden. Auch in anderen Religionen
glauben die Menschen an ein Weiterleben
nach dem Tod. Dieser Glaube hilft,
die Angst vor dem Tod zu überwinden.
● Der Tod bringt die Menschen auch
wieder zusammen. Menschen, die an Gott
glauben, freuen sich darauf, bei ihm ihre
Eltern, ihren Partner oder ihre Freunde
wiederzusehen.

Ich freu' mich, daß ich lebe!

Ich freu' mich, daß ich lebe ,
Heute scheint die Sonne,
ich steig' auf einen Baum
und schau' auf alles runter.
Ich schaukle in den Himmel
und spring ins hohe Gras.

Ich freu' mich, daß ich lebe.
Heute geh' ich in die Schule.
Ich lern' das Einmaleins
und schreibe schon ganz schnell.
Mein Kopf, der ist noch lang nicht voll,
da hat noch vieles Platz.

Ich freu'mich, daß ich lebe.
Heut' gehe ich zu Freunden.
Wir spielen Fußball,
hey, paß auf!
Alleine spielen mag ich nicht,
Spaß macht es nur mit Freunden.

Für die Eltern

Viele Kinder spüren, daß mit Tod und
Sterben etwas Unangenehmes, Angst und
Traurigkeit verbunden sind. Und Kinder
gehen unangenehmen Dingen gerne aus
dem Weg. Deshalb ist es oft so, daß Kinder
gar nicht fragen, ob sie selbst auch
sterben müssen. Sie sind ganz auf Zukunft eingestellt; sie wollen wachsen,
größer werden und all das lernen, was die
Erwachsenen schon können.
Wenn Ihr Kind nicht fragt, lassen Sie dieses Thema ruhen. Wenn Ihr Kind fragt,
ob es auch sterben muß, gehen sie mit
dieser Frage sehr behutsam um. Oft ist
ein Erlebnis von Tod der Anlaß, daß Kinder nach dem Sterben fragen. Kinder
brauchen dann viel Zuwendung und Verständnis. Es gibt keine Patentrezepte für
die Antworten, und viel hängt von Ihrer
persönlichen Einstellung dazu ab.

Gott begleitet uns durch das Jahr

Warum brennen am Adventskranz vier Kerzen?

Für die Eltern

Die Adventszeit als Vorbereitungszeit auf Weihnachten hat für Kinder einen ganz besonderen Reiz. Sie gehört zu den schönsten Zeiten im Jahr, die man mit Kindern sehr stimmungs- und »sinn«voll gestalten kann. Der Adventskalender, Basteleien und Plätzchenbacken gehören ebenso dazu wie Kerzen, Geschichten und Lieder. Hier einige Anregungen, damit die Adventszeit in der Familie zu einem Erlebnis wird:

● Verzieren Sie den Adventskranz selbst, und lassen Sie Ihr Kind dabei helfen.
● Fragen Sie in einer Buchhandlung nach einem Adventskalender oder einem Buch, in dem für jeden Tag eine Geschichte vorgesehen ist.
● Nehmen Sie sich jeden Tag Zeit, um mit Ihrem Kind die Kerzen am Adventskranz anzuzünden, zu singen und vorzulesen.
● Überlegen Sie, ob im Haus oder im Bekanntenkreis jemand an Weihnachten alleine ist, und basteln Sie für diese Person mit Ihrem Kind ein kleines Geschenk.

Der Adventskranz

Ein alter Brauch ist das Aufstellen eines Adventskranzes in den vier Wochen vor Weihnachten. Er wird aus grünen Zweigen gebunden und trägt vier Kerzen. Die grünen Zweige sind ein Zeichen der Hoffnung: Jesus wird kommen. Die Kerzen sind ein Zeichen der Liebe: Jesus ist für alle Menschen gekommen. An jedem Adventssonntag wird eine Kerze angezündet; je heller es wird, um so näher rückt das Weihnachtsfest.

Eine kleine Kerze

Ei - ne klei - ne Ker - ze leuch - tet in der Nacht.

Ei - ne klei - ne Ker - ze sagt, daß der Tag er - wacht.

Ei - ne klei - ne Ker - ze macht dir heu - te Mut.

Ei - ne klei - ne Ker - ze sagt dir: Al - les wird gut.

Ei - ne klei - ne Ker - ze sagt dir: Al - les wird gut.

Eine kleine Kerze bringt dir Hoffnung heut'.
Eine kleine Kerze macht hell die Dunkelheit.
Eine kleine Kerze will dir sein ein Licht.
Diese kleine Kerze sagt dir: Fürchte dich nicht!

*Text und Melodie: Klaus Gräske, aus: Religionspädagogische Praxis 1986 / 3,
S. 19, RPA Verlag, Landshut*

Wer ist der Nikolaus?

Nikolaus, Bischof von Myra

Vor vielen, vielen hundert Jahren hat in der türkischen Stadt Myra Bischof Nikolaus gelebt. Von seinem Leben wissen wir nur, was uns in vielen Geschichten weitererzählt worden ist. Es wird uns von Nikolaus berichtet, daß er für Kinder und arme Leute viel Gutes getan hat. Deshalb wurde er schon bald nach seinem Tod als Heiliger verehrt. Zu seiner Erinnerung gibt es am 6. Dezember für die Kinder ein Säckchen mit Süßigkeiten und kleinen Geschenken.

Warum der Nikolaus seine Gaben ausgerechnet in einem Sack bringt, hat bestimmt mit folgender Geschichte zu tun:

Einmal gab es in Myra eine große Hungersnot. Die ganze Ernte des Sommers war verdorben, und die Menschen hatten nichts zu essen. Die Kinder weinten und schrien nach Brot, aber es war kein Getreide mehr in der Stadt, womit die Frauen hätten Brot backen können.

Da kam ein Schiff aus einem fremden Land im Hafen von Myra an, voll beladen mit Getreide. Bischof Nikolaus bat den Kapitän des Schiffes: »In der ganzen Gegend gibt es kein Brot mehr. Verkauft einen Teil eurer Ladung an die Leute hier.« Der Kapitän antwortete ihm: »Tut mir leid. Aber die ganze Ladung wurde gewogen. Man wird uns bestrafen, wenn wir nicht alles nach Hause bringen.« Da sagte Bischof Nikolaus zu ihm: »In Gottes Namen bitte ich dich, verkaufe uns einen Teil der Ladung. Ich versichere dir, daß bei eurer Ankunft nicht ein Korn fehlen wird.«

Der Kapitän sah die hungrigen Kinder und dachte: »Was immer mit mir auch geschieht, ich will diesen Leuten helfen«. Er befahl seinen Matrosen, viele Säcke mit Getreide vom Schiff bringen zu lassen. Die Männer im Hafen luden so

viele Säcke ab, daß es für die ganze
Stadt bis zur nächsten Ernte reichte.
Nikolaus dankte dem Kapitän und sagte
ihm zum Abschied: »Fahrt in Gottes
Namen und habt keine Angst.« In Myra
war die Hungersnot zu Ende, und
die Leute dankten Gott, daß Bischof Nikolaus sie gerettet hatte.
Als die Seeleute in ihrem Heimathafen
das Getreide abluden, stellten sie fest,
daß sie tatsächlich keinen Sack weniger
an Bord hatten als bei ihrer Abfahrt.
Da sagten sie untereinander: »Nikolaus
ist wirklich ein heiliger Mann.«

Für die Eltern

Mit der Gestalt des Nikolaus ist viel
Unfug getrieben worden. Oft wurde er
als Strafrichter für die Kinder miß-
braucht. Wenn man sich aber die Legen-
den über den heiligen Nikolaus anschaut,
wird man ihm damit keineswegs gerecht.
Es ist sinnvoller, in der Familie Bräuche
zu pflegen, an denen sich die Kinder
freuen können, anstatt solcher, die ihnen
Angst machen. Erzählen Sie Ihrem
Kind am Nikolausabend die Geschichte
vom heiligen Nikolaus, und erinnern
Sie es daran, daß er die Kinder ganz besonders gern hatte.

Laßt uns froh und munter sein

Laßt uns froh und munter sein
und uns recht von Herzen freu'n!
Lustig, lustig, traleralera,
bald ist Nikolausabend da.

Dann stell' ich den Teller auf.
Niklaus legt gewiß was drauf.
Lustig...

Wenn ich schlaf', dann träume ich:
Jetzt bringt Niklaus was für mich.
Lustig...

Wenn ich aufgestanden bin,
lauf' ich schnell zum Teller hin.
Lustig...

Niklaus ist ein guter Mann,
dem man nicht g'nug danken kann.
Lustig...

*K*ommt das Christkind vom Himmel?

Für die Eltern

Im Laufe der Zeit haben sich viele Traditionen und Bräuche um das Weihnachtsfest entwickelt. Ein noch gar nicht so alter Brauch des Weihnachtsfestes ist das Schenken. Und noch jünger ist der Brauch, den Kindern zu erzählen, daß diese Geschenke das Christkind vom Himmel bringt.

Die Diskussion, ob man seinen Kindern dieses »Märchen« erzählen soll oder nicht, teilt Mütter und Väter regelmäßig in zwei Lager: Die einen verteidigen die Geschenke aus dem Himmel, die anderen würden ihren Kindern nie »so eine unwahre Geschichte« erzählen.

Man kommt nicht umhin, sich schließlich selbst zu entscheiden, wie man es in der eigenen Familie mit dem Christkind halten möchte.

Dabei sollte man jedoch folgendes bedenken:

● Geschenke, die die Eltern – und nicht das Christkind – für ihr Kind als Überraschung bereithalten, nehmen dem Kind nichts von der Vorfreude und der Stimmung auf das Weihnachtsfest.

● Bei aller Romantik und Festfreude und den mehr oder weniger zahlreichen Geschenken sollte auch für die Kinder der eigentliche Sinn von Weihnachten – die Geburt Jesu – im Vordergrund stehen.

● Ein Christkind, das in Gestalt eines barocken Engelchens vom Himmel geflogen kommt, hat nichts mit der religiösen Bedeutung von Weihnachten zu tun.

● Manchmal bestehen Kinder darauf, daß das Christkind vom Himmel kommt, weil sie es von anderen so gehört haben. Widersprechen Sie Ihrem Kind nicht. Kinder haben ihre eigene Vorstellungswelt, und da haben das Christkind mit Flügelchen und Geschenken und das Jesuskind in der Krippe durchaus nebeneinander Platz.

Zu Bethlehem geboren

Zu Bethlehem geboren ist uns
ein Kindelein. Das hab ich auserkoren,
sein eigen will ich sein.
Eia, Eia, sein eigen will ich sein.

In seine Lieb versenken will ich mich
ganz hinab, mein Herz will ich ihm schenken und alles, was ich hab.
Eia, Eia, und alles, was ich hab.

O Kindelein, von Herzen will ich
dich lieben sehr, in Freuden und in
Schmerzen, je länger mehr und mehr.
Eia, Eia, je länger mehr und mehr.

Dazu dein Gnad mir gebe, bitt ich
aus Herzensgrund, daß ich allein dir lebe
jetzt und zu aller Stund.
Eia, Eia, jetzt und zu aller Stund.

Text: Friedrich von Spee

Jesus hat Geburtstag

Wenn Du Geburtstag hast, dann bekommst Du eine schöne Feier und alle
freuen sich, daß Du da bist und daß es
Dich gibt. Du bekommst Geschenke,
Ihr zündet Kerzen an, und es gibt etwas
Feines zu essen.
An Weihnachten feiern wir den Geburtstag von Jesus. Wir erinnern uns an seine
Geburt im Stall von Bethlehem und
freuen uns, daß er gelebt hat. Weihnachten wird bei uns als großes Fest gefeiert.
Wie auch bei Deinem Geburtstag gibt
es Kerzen, Geschenke und gutes Essen.

Lieber Gott,

*es ist so schön, an der Krippe zu sitzen.
Das Jesuskind in der Krippe hat alle Men-
schen lieb.
Maria schaut liebevoll auf ihr Kind.
Josef paßt auf, daß den beiden nichts
passiert.
Der Engel mit seinem hellen Gewand hat
den Hirten die frohe Botschaft gebracht.
Die Hirten kommen mit ihren Schafen.
Und ich sitze dabei und möchte auch ein
Hirte sein.*

Warum bringt der Osterhase Eier?

Du hast schon gehört, daß das Osterfest das größte Fest für die Christen ist. An Ostern feiern wir die Auferstehung Jesu. Jesus hat uns durch seine Auferstehung neues Leben geschenkt. Das ist sehr schwer zu verstehen, deshalb haben die Menschen nach einer Erklärung gesucht.

Osterei

Das Ei ist ein sehr altes Zeichen für Leben. Schlüpft doch aus dem Ei ein kleines Kücken oder Vögelchen aus und beginnt damit ein eigenes, ein neues Leben. Zurück bleibt eine leere Schale. So sind die Eier an Ostern für die Menschen ein Zeichen für das neue Leben. Deshalb färben wir die Eier bunt oder bemalen sie schön und schmücken unsere Wohnung damit.

Hase

Wie der Hase zu unserem Osterfest kam, dafür gibt es zwei Erklärungen:
Zum einen galten Hasen, lange bevor es Christen gab, als ein Zeichen für Fruchtbarkeit und Leben. Vielleicht deshalb, weil sie oft und viele Junge bekommen. Zum anderen erzählt man sich, daß vor vielen Jahren die Bäcker an Ostern immer Lämmchen backen wollten. Weil es aber keine richtigen Formen dafür gab, sahen viele Lämmchen eher aus wie Hasen. Und die Leute fanden die Hasen auch sehr hübsch. So haben die Bäcker mit der Zeit nicht nur Lämmchen, sondern auch Hasen gebacken.
Aber warum sich Leute erzählen, daß der Hase an Ostern die Eier bringt, kann nur daran liegen, daß sie all das miteinander vermischt haben. Sicher ist jedoch, daß die Kinder am Eiersuchen Spaß haben.

Können Engel fliegen?

Engel, die Boten Gottes

Von Engeln ist in der Bibel immer wieder die Rede. Sie begegnen den Menschen, bringen ihnen eine Botschaft von Gott, oder sie begleiten sie. Engel haben Namen. Sie sind eigene Wesen, die mit einem Auftrag Gottes zu den Menschen kommen. Wenn von ihnen erzählt wird, dann geht es darum, daß die Menschen Gottes Liebe spüren.

Fast immer werden Engel mit Flügeln dargestellt. In der Bibel heißt es immer wieder: Ein Engel Gottes stieg vom Himmel herab... Die Menschen konnten sich nur vorstellen, daß ein Engel vom Himmel herunter geflogen kam. Denn nur Vögel konnten sich zwischen Himmel und Erde bewegen und das auch nur mit Hilfe ihrer Flügel.

Ob Engel nun Flügel haben oder nicht, ist nicht wichtig. Denn Gott ist nicht irgendwo da oben, er ist überall. Wir können uns also einen Engel auch als einen Begleiter vorstellen, der nicht angeflogen kommt, sondern der mit uns geht.

Für die Eltern

Wenn Ihr Kind nach Engeln fragt, hat es bestimmt in irgendeiner Weise davon gehört. Kinder finden Engel niedlich, schön, geheimnisvoll oder auch nur seltsam. Meist bestehen sie darauf, daß Engel Flügel haben.

Lassen Sie dem Kind seine Vorstellung, auch wenn Sie sie nicht teilen.

Betonen Sie, daß Engel eine Vermittlerrolle zwischen Gott und den Menschen haben und daß Engel den Willen Gottes vollziehen.

Vermitteln Sie Ihrem Kind, daß Engel Boten Gottes sind und Segen und Heil zu den Menschen bringen.

Ein Engel stärkt Elija

Es gab bei den Israeliten, dem Volk Gottes, eine Zeit, in der die Menschen nicht auf Gott hörten. Sie taten vieles, was Gott nicht gefiel.

Da kam Elija zu ihnen. Er war ein Prophet und liebte Gott sehr. Er kämpfte gegen die gottlosen Menschen und ihren König. Elija stritt mit seiner ganzen Kraft für Gott, doch er verlor den Kampf und mußte um sein Leben fürchten.

Da floh Elija in die Wüste.

Müde und mutlos legte sich Elija unter einen Ginsterstrauch und betete zu Gott: »Laß mich doch sterben. Die Leute wollen nichts von dir und deinem Propheten hören. Ich kann nicht mehr.« Dann schlief Elija ein.

Da berührte ein Engel Gottes seinen Arm und sagte zu ihm: »Steh auf und iß!« Elija sah neben sich Brot und einen Krug Wasser. Er aß und trank und legte sich wieder schlafen.

Der Engel Gottes kam ein zweites Mal, rührte ihn an und sagte: »Steh auf und iß, sonst ist der Weg zu weit für dich!« Da stand Elija auf, aß und trank und machte sich auf den Weg. Durch die Speise des Engels gestärkt, wanderte er vierzig Tage und Nächte durch die Wüste bis zum Gottesberg Horeb.

Dort auf dem Berg geschah etwas Merkwürdiges: Es kam ein Sturm und Beben, doch Gott war nicht im Sturm und nicht im Beben. Dann kam ein leiser Wind und Elija hörte Gottes Stimme.

(nach: 1 KG 19, 1-13)

Lieber Gott,

manchmal bin ich müde und traurig,
dann geht es mir wie Elija.
Du hast Elija einen Engel geschickt,
er hat ihm Brot und Wasser gebracht.

Ich bitte Dich:
Schicke auch mir Deinen Engel,
damit er mir Kraft gibt
und mich auf meinem Weg begleitet.

Glauben alle Menschen an den lieben Gott?

Für die Eltern

Je besser Kinder die Menschen in ihrer Umgebung kennenlernen, um so mehr werden sie merken, daß es unterschiedliche Möglichkeiten gibt, mit Religion umzugehen. Da gibt es Leute, die regelmäßig am Leben der Kirchen teilnehmen und eine enge Bindung zu Gott haben. Da gibt es Leute, die eine lockere Bindung zur Kirche haben und solche, die Religion ablehnen.

Wecken Sie bei Ihrem Kind Verständnis für die jeweilige religiöse Haltung eines Menschen. Beziehen Sie nach Möglichkeit selbst Stellung, und sagen Sie Ihrem Kind, wie wichtig Ihnen Religion ist.

Menschen leben mit Gott

Es gibt Menschen, in deren Leben Gott seinen festen Platz hat. Sie sprechen jeden Tag mit Gott, sie hören, was Gott ihnen sagt, und sie versuchen so zu handeln, wie Jesus es vorgelebt hat. Am Sonntag treffen sie sich mit anderen in der Kirche zum Beten und Singen. Diese Männer und Frauen sehen nicht anders aus als andere. Vielleicht reden sie manchmal über Gott. Sie sagen: »Dafür danke ich Gott«, »Ich vertraue auf Gott« oder »Gott segne und beschütze dich«. Diese Leute leben im Glauben an Gott und sprechen mit anderen darüber.

Gott hat Geheimnisse

Es gibt auch Menschen, die an Gott glauben, aber nicht viel darüber reden möchten. Mag sein, daß sie sich in ihrem Glauben nicht so sicher sind. Manche Leute möchten Gott gerne verstehen, aber es gelingt ihnen nicht immer. Viele finden das, was Jesus getan hat, großartig. Doch sie können nicht glauben, daß Jesus Gottes Sohn war. Jeder Mensch findet seinen eigenen Weg zu Gott, und diese Wege können sehr verschieden sein.

Nicht alle Menschen glauben an Gott

Es gibt Menschen, die nicht an Gott glauben.
Für sie ist nur wahr, was sie sehen und mit ihrem Verstand erfassen können.
Sie glauben, daß die Menschen Gott nicht brauchen, um gut und friedlich zusammenzuleben.
Es gibt auch Menschen, die nichts von Gott gehört haben. Sie kennen Gott gar nicht.

Gott jedoch liebt alle Menschen. Vielleicht begegnet eines Tages auch denen, die nicht an Gott glauben, etwas Gutes, und sie erkennen darin Gott.

Auch andere Religionen sind Wege zu Gott

Es gibt neben den christlichen Glaubensgemeinschaften viele andere Religionen, zum Beispiel den Buddhismus, den Hinduismus, das Judentum, den Islam und die Naturreligionen.
In allen Religionen suchen die Menschen Antworten auf die ungelösten Rätsel unseres menschlichen Lebens. Sie fragen sich: Wer bin ich eigentlich? Warum lebe ich auf der Erde? Wo gehe ich hin?
In anderen Religionen gehen die Menschen andere Wege, um zu ihrem Heil und zu einem erfüllten Leben zu kommen. Diese Wege sind uns oft fremd und erscheinen uns seltsam. Doch keine Religion hat für sich das Recht zu sagen: Wir sind auf dem richtigen Weg. Vielmehr hat Gott allen Menschen die Erde gegeben, damit sie in Freiheit darauf leben können.

José lernt den lieben Gott kennen

José lebt am Rande einer großen Stadt in Südamerika. Er hat kein Zuhause und keine Familie. Er ist ein Straßenjunge. Als er sechs Jahre alt war, verließ sein Vater die Familie in ihrer armseligen Hütte. Die Mutter konnte José und seine vier Geschwister nicht alleine ernähren. Sie schickte José und seinen älteren Bruder zum Betteln. Aber das Geld reichte nie für das Essen. José hatte immer Hunger, und die Kleider hingen ihm in Fetzen am Körper. Als José andere Straßenjungen kennenlernte, ging er bald nicht mehr nach Hause. Er lernte von ihnen, wie man Zeitungen verkauft, aber auch, wie man Leute bestiehlt. Die Kinder schliefen auf der Straße, und ständig hatten sie Streit miteinander. José fühlte sich oft einsam, und er wurde nie richtig satt.

Eines Tages kam ein Mann zu ihm und lud ihn ein. Der Mann wohnte in einem seltsamen Haus. Dort gab es viele Kinder, lauter Straßenjungen. Sie bekamen Essen, konnten sich waschen und, wenn die Kleider zu sehr zerrissen waren, zog Maria, eine lustige alte Frau, irgendwo ein brauchbares T-Shirt hervor. Im Hof hinter dem Haus konnten die Kinder Fußball spielen. José konnte gar nicht glauben, daß der Mann – Padre Simon – gar nichts von ihm wollte. Er durfte dableiben, einfach so. Er mußte sich nur an die Regeln des Hauses halten. Zum Beispiel mußten sich vor dem Essen die Kinder die Hände waschen, oder man durfte sich beim Essen nicht gegenseitig etwas wegnehmen. Das war für José am Anfang schwierig, weil er auf der Straße alles geklaut hatte, was nicht angebunden war. Aber er gewöhnte sich daran, denn es gab tatsächlich jeden Tag etwas für ihn zu essen.

Nachdem José einige Wochen jeden Tag in das Haus gekommen war, fragte ihn Padre Simon, ob er nicht in die Schule gehen wolle. Na und ob José in die Schule gehen wollte, genauso wie die Kinder der reichen Leute. Ihm kam das wie ein Traum vor.

»Warum tust Du das für mich?« fragte José Padre Simon.

»Weißt du,« erklärte Padre Simon, »es gibt jemanden, der für mich sehr wichtig ist. Er hat zu mir gesagt: Kümmere dich um José; er braucht dich.«

»Wer ist das?« fragte José.

»Das hat Gott zu mir gesagt.«

Als José bei Padre Simon in die Schule ging, lernte er Gott und seinen Sohn Jesus kennen. Es fiel ihm gar nicht schwer, an Gott zu glauben.

Wer ist Jahwe?

Jahwe, ich bin da

Gott hat sich immer wieder seinem Volk Isreal gezeigt, er hat es beschützt und ihm Regeln gegeben, damit es gut zusammenleben kann.

Gott führte sein Volk aus Ägypten heraus, wo es viele Jahre in Gefangenschaft lebte. Moses führte das Volk an, und sie wanderten in das Land, das Gott ihnen zeigen wollte. Es gab viel Unordnung unter den Leuten, und Moses mußte oft Streit schlichten und einen Rat geben. Da sagte Gott zu Moses: »Ich will meinem Volk meine Gesetze verkünden, damit es weiß, was mein Wille ist.«

Moses stieg auf den Berg Sinai, und Gott sprach zu ihm: »Das sind meine Gebote: Ich bin der Herr, dein Gott.

Du sollst keine anderen Götter neben mir haben.

Du sollst dir von deinem Gott kein Bild machen.

Du sollst den Namen Gottes nicht im Scherz aussprechen.

Du sollst an dem Tag, welchen der Herr zum Ruhetag bestimmt hat, ausruhen und nicht arbeiten.

Ehre deinen Vater und deine Mutter.

Du sollst nicht töten.

Wen du heiratest, dem sollst du treu bleiben bis du stirbst.

Du sollst nicht lügen.

Du sollst nicht stehlen.«

Juden und Christen haben vieles gemeinsam

Juden und Christen verehren den gleichen Gott. Die zehn Gebote, die Gott den Juden gegeben hat, gelten auch für Christen. Die Geschichte des Volkes Israel, wie sie im Alten Testament aufgeschrieben ist, ist für Christen genauso wichtig. Jesus, Maria, Josef, die Apostel und all die Menschen, die Jesus gefolgt sind, waren Juden. Sie lebten nach Gottes Geboten und feierten die jüdischen Feste. Jesus liebte sein Volk und wollte ihm Frieden bringen. Die mächtigen Männer des Volkes sahen jedoch in Jesus eine Gefahr. Sie ließen Jesus hinrichten. Dadurch kam es zur Trennung von Juden und Christen.

Die Freunde von Jesus nannten sich Christen – Christus bedeutet Erlöser – und verkündeten überall die Botschaft von Jesus. Juden und Christen lebten in Palästina zusammen; die einen lebten nach ihren alten Regeln, die anderen lebten wie Jesus es ihnen gesagt hatte. Etwa 40 Jahre nach dem Tod und der Auferstehung Jesu zerstörten die Römer Jerusalem und den Tempel. Die Juden wurden vertrieben und zerstreuten sich in alle Teile der Erde. Auch wenn es heute wieder einen jüdischen Staat gibt und Jerusalem das Zentrum der Juden ist, so leben doch mehr Juden über die ganze Erde verstreut als in Israel.

Was gläubigen Juden wichtig ist

● Sie glauben: Jahwe allein ist unser Gott.
● Das größte Fest der Juden ist das Passahfest. Es wird als Erinnerung an den Auszug aus Ägypten gefeiert.
● Das Haus, in dem sich Juden zum Beten treffen, heißt Synagoge.
● Der wichtigste Ort der Juden ist die Klagemauer in Jerusalem. Sie ist ein Rest des Tempels, der von den Römern zerstört wurde.
● Der siebenarmige Leuchter wird am Sabbat, dem jüdischen Ruhetag, angezündet.

Warum betet Ali zu Allah?

Mit jüdischen Kindern kommen unsere Kinder kaum in Kontakt, denn es leben in Deutschland nur noch wenige jüdische Familien. Doch fast in jeder Kindergartengruppe und in jeder Schulklasse sitzen türkische Kinder. Die Kinder haben – neben manchen anderen Problemen – auch eine Religion, die uns sehr fremd ist. Doch mit dem Christentum und dem Judentum hat der Islam die Bibel als gemeinsame Grundlage. Das Verbindende dieser drei Religionen ist der Glaube an einen Gott. Hier können Kinder eine Brücke zueinander bauen.

Mohammed

Mohammed lebte ungefähr 600 Jahre nach Jesus. Er fühlte sich auserwählt, den Menschen eine Botschaft zu bringen. Auf einem Berg sagte ihm der Engel Gabriel, was er den Menschen mitteilen sollte. Daraufhin begann Mohammed zu predigen. Mohammed glaubte, daß er der letzte Prophet Gottes sei, so wie vor ihm Moses und Jesus Propheten waren. Nach dem Tod Mohammeds wurde alles aufgeschrieben, was er gesagt und gelehrt hatte. Dieses Buch heißt Koran.

Allah ist groß

Mohammedaner stellen sich Gott genauso vor wie Christen und Juden. Sie glauben, daß es keinen Gott außer Allah gibt. Er hat Himmel und Erde gemacht und die Menschen erschaffen. Allah ist das arabische Wort für Gott. Er wird der »Allmächtige«, der »Weise«, der »Barmherzige« und der »Allwissende« genannt.

Was den Mohammedanern wichtig ist

● Sie glauben: Es gibt keinen Gott außer Allah, und Mohammed ist sein Prophet.
● Der Koran ist die Heilige Schrift, die von Gott gesandte Botschaft.
● Die wichtigste Zeit ist der Fastenmonat Ramadan.
● Das Gebetshaus heißt Moschee.
● Der wichtigste Ort ist die Kaaba, der schwarze Stein, in Mekka. Jeder Mohammedaner muß einmal in seinem Leben nach Mekka reisen und den schwarzen Stein berühren.

Gott will, daß die Menschen glücklich sind

Die Menschen suchen Gott auf unterschiedlichen Wegen, und Gott findet auch auf ganz verschiedene Weise zu den Menschen. Gott will sicher nicht, daß die Menschen sich streiten, welcher Weg der richtige ist. Wichtig ist, daß Gott im Leben der Menschen einen festen Platz hat.

Für die Eltern

Religiöser Fanatismus war und ist bis heute immer noch häufig Ursache für Kriege oder Diskriminierung und Benachteiligung von Menschen. Es ist deshalb eine wichtige Aufgabe, schon Kindern verständlich zu machen, daß keine Religion für sich beanspruchen kann, die einzig richtige zu sein. Jeder Mensch darf für sich entscheiden, welchen Weg er gehen möchte. Diese Freiheit hat Gott den Menschen geschenkt. Es geht vielmehr darum, daß ein religiöses Verständnis der Welt – so unterschiedlich es auch sein mag – die Menschen verbindet.

Gott, dein guter Segen

Dieses Lied, in dem das Vertrauen zu Gott zum Ausdruck kommt, betrifft Kinder ganz unterschiedlicher Religionen gleichermaßen. Die Menschen, die sich auf den Weg zu Gott machen, haben die Sehnsucht, bei ihm geborgen zu sein.

Gott, dein guter Segen
ist wie ein großes Zelt,
hoch und weit, fest gespannt
über unsre Welt.
Guter Gott, ich bitte dich:
Schütze und bewahre mich.
Laß mich unter deinem Segen
leben und ihn weitergeben.
Bleibe bei uns alle Zeit,
segne uns, segne uns, denn der Weg ist
weit.

Gott, dein guter Segen
ist wie ein helles Licht,
leuchtet weit, alle Zeit
in der Finsternis.
Guter Gott, ich bitte dich:
Leuchte und erhelle mich.
Laß mich unter deinem Segen
leben und ihn weitergeben.
Bleibe bei uns alle Zeit,
segne uns, segne uns, denn der Weg ist
weit.

Gott, dein guter Segen
ist wie des Freundes Hand,
die mich hält, die mich führt
in ein weites Land.
Guter Gott, ich bitte dich:
Führe und begleite mich.
Laß mich unter deinem Segen
leben und ihn weitergeben.
Bleibe bei uns alle Zeit,
segne uns, segne uns, denn der Weg ist
weit.

Gott, dein guter Segen
ist wie der sanfte Wind,
der mich hebt, der mich trägt
wie ein kleines Kind.
Guter Gott, ich bitte dich:
Stärke und erfrische mich.
Laß mich unter deinem Segen
leben und ihn weitergeben.
Bleibe bei uns alle Zeit,
segne uns, segne uns, denn der Weg ist
weit.

Text : Reinhard Bäcker
aus: Heut ist ein Tag, an dem ich singen kann, 2.
Alle Rechte im Menschenkinder Verlag, Münster